都のプロジェクトチームが明かす
アジアの国際金融都市像

国際金融都市・東京
構想の全貌

小池百合子

安東泰志

大崎貞和

須田　徹

国際資産運用センター
推進機構（JIAM）

日本投資顧問業協会

山岡浩巳

島田晴雄

渥美坂井法律事務所・
外国法共同事業

■共著

銀行研修社

は　し　が　き

　東京都は 2017 年 11 月、「国際金融都市・東京」構想の最終版を公表した。かつてはロンドン・ニューヨークと並ぶ 3 大金融センターと見做されていた東京は、Z/Yen Group による「国際金融センターインデックス」において、2007 年の公表以来、一貫してシンガポール・香港の後塵を拝し、第 5 位に甘んじている。もちろん、シンガポールは都市国家であり税制や規制に融通が利くこと、香港は後背地に GDP 世界 2 位の中国があることなど、東京と単純に比較できないところはあるが、日本にも 1,832 兆円にものぼる家計部門の金融資産がある（2017 年 6 月末、日本銀行調査統計局）。また、東京は世界有数の安全な街であり、日本は人権や言論の自由という G7 共通の価値観を共有している。これらの強みを生かして、東京がアジアの金融ハブとしての役割を取り戻し、今一度アジアナンバー 1、世界トップ 3 の金融センターとして返り咲くことは決して不可能ではあるまい。

　東京都が国際金融都市を再度標榜する背景には、成長戦略の必要性がある。少子高齢化の進展により東京都の人口も 2025 年頃を境に減少に向かうと見られており、それを乗り越えて経済成長を実現していかないと激化する都市間競争に勝つことはできず、持続可能な都市にならない。また、様々な社会的諸問題の解決にあたっても金融機能が有効に機能することが期待される。

　東京をアジアナンバー 1 の国際金融センターとして復活させようという構想は、これまでにも幾多の機会に論じられてきた。最近では、2014 年に証券界・資産運用業界によって、東京の国際金融センターとしての役割・課題等について検討を行うため、「東京国際金融センターの推進に関

する懇談会」が設置され、活発な議論が行われ、有意義な提言が出されている。

　しかしながら、これまでそれらの構想が実を結び実際に東京の地位が飛躍的に向上したとは言い難い。その背景には様々な理由があるが、「失われた20年」と呼ばれる日本経済の低成長に加え、業界の縦割り、既得権益等が改革を止めていた面もあるだろう。そして行政の側にも、金融を規制する機能はあるが、それを促進する機能が明確には存在しなかった。今回の東京都の構想は、2016年に就任した小池知事のリーダーシップの下、東京都自身が金融産業のプロモーションを担うことを宣言した上で、従来にない踏み込んだ政策を多数織り込んでいる。そのための仕組みとして、各金融業態のトップを集めて小池知事が主催する懇談会や、各業態の実務レベルが参加する検討会を開催することにより業界横断的な合意形成を図ったのである。本書は、当該懇談会・検討会に参加したメンバーによって、「国際金融都市・東京」構想の背景を掘り下げて解説することを目的としている。

　本書が各金融機関の参考として、また、東京都と政府が緊密に連携して東京を再びアジアナンバー1の金融センターにするために必要な諸施策の指針として役に立つようであれば著者一同にとって望外の喜びである。

　2017年11月

執筆者代表　安東　泰志

目　　次

はしがき

序　国際金融都市・東京に向けて

1. アジアの金融中心都市の変遷 ……………………………………… 10
2. 金融市場と金融ビジネスの構造変化 ……………………………… 11
3. 東京が目指すべき国際金融都市像 ………………………………… 12
4. 国際金融都市・東京として復活できるか ………………………… 15

第1章　「国際金融都市・東京」構想の全体像

1. 小池都政における「国際金融都市・東京」構想の位置付け ……… 18
   (1) 小池都政発足時の状況 ………………………………………… 18
   (2) 小池都政における新たな取り組み …………………………… 19
   (3) 課題解決型の「検討会」、画期的な「懇談会」………………… 22
2. 最終提言に盛り込まれた各種施策の概観 ………………………… 25
   (1) アジアの金融ハブとしての地位を再確立 …………………… 25
   (2) 資産運用業とフィンテックの振興 …………………………… 27
   (3) 税制の見直し …………………………………………………… 29
   (4) 新興資産運用業者育成プログラム（EMP/TMP）…………… 33
   (5) フィンテックの育成とイノベーションハブ ………………… 34
   (6) ESGの推進と東京金融賞 ……………………………………… 39
   (7) 東京市場のプロモーション …………………………………… 41
   (8) 教育の充実 ……………………………………………………… 44
   (9) 海外金融系企業の誘致促進 …………………………………… 45
   (10) 投資家本位の国際金融都市の構築 ………………………… 48

(11) さらなる課題 ……………………………………………………… 49

第2章　海外金融系企業の誘致促進

1. 海外金融系企業誘致の方向性 ……………………………………… 56

(1) 金融都市・東京の国際化の現状 ………………………………… 56

(2) 国際金融センター機能強化へ向けた検討 …………………… 58

(3) 誘致対象とする2つの分野 ……………………………………… 59

2. 海外金融系企業の発掘・誘致 …………………………………… 61

(1) 東京都による発掘・誘致活動 ………………………………… 61

(2) その他の施策 …………………………………………………… 62

3. 進出後手続支援 …………………………………………………… 65

(1) 手続支援の必要性 ……………………………………………… 65

(2) 進出手続支援をめぐる当面の対応 …………………………… 67

4. 生活環境整備 ……………………………………………………… 68

5. 「当面の対応」の意義と今後の課題 …………………………… 70

第3章　国際金融都市にふさわしい会計と税務

1. 国際金融都市に向けた課題 ……………………………………… 74

(1) 産業構造変革の必要性 ………………………………………… 74

(2) グローバルアウトソーシング化や知財活用事業化 ………… 75

(3) 新規事業の育成 ………………………………………………… 77

(4) 多額な個人金融資産 …………………………………………… 77

2. 金融の国際化と会計 ……………………………………………… 79

(1) 会計情報の国際的比較可能性の確保 ………………………… 79

(2) 国際会計基準の採用状況 ……………………………………… 80

(3) 国際会計基準の適用促進策 …………………………………… 82

目　次　▼

3.　新規参入促進に向けた税制の検討 ……………………………83

　(1)　主要国の税率 …………………………………………………83

　(2)　日本の法人実効税率 …………………………………………83

4.　「国際金融都市・東京」に向けた税制 ……………………………84

　(1)　法人に対する税 ………………………………………………87

　(2)　事業人材に対する税 …………………………………………94

　(3)　投資家に対する税 ……………………………………………100

5.　まとめ ………………………………………………………………108

第4章　資産運用業者の育成のための Emerging Managers Program（EMP）

1.　EMP（新興資産運用業者育成プログラム）の必要性 ………………112

　(1)　資産運用プレーヤーの誘致・育成に係るこれまでの取組み（アジアの金融センターとしての東京の凋落）………………………112

　(2)　JIAM によるアセット・マネジメントからの「声」調査 …………114

　(3)　東京版 EMP の必要性 ………………………………………116

2.　海外における EMP ………………………………………………117

　(1)　海外における EMP の概要 …………………………………117

　(2)　米国における EMP …………………………………………118

　(3)　シンガポールにおける EMP ………………………………120

　(4)　フランスにおける EMP ……………………………………121

3.　EM を取り巻く主なプレーヤー …………………………………124

　(1)　EM とシーダーの関係 ………………………………………124

　(2)　シーディング・ビジネスの発展経緯 ………………………126

4.　東京版 EMP の目的 ………………………………………………128

5.　東京版 EMP のインフラ整備 ……………………………………130

5

(1) ファスト・エントリー制度 ·· 130

(2) ミドル・バック業務支援 ·· 130

(3) マッチング ·· 131

6. 東京版 EMP 実現に向けた論点 ·· 132

第4章(補)　米国における新興運用者育成プログラムの導入状況

1. 調査経緯 ··· 136

2. EMP 導入の目的 ··· 138

3. EM 採用の際の重視項目　―パフォーマンスと新規マネジャーの育成
   (Cultivate) ― ··· 139

4. ゲートキーパーの重要性と FoFs スキームの活用 ···························· 140

5. 資産クラスの特徴と考え方 ·· 141

6. 日本における EMP 導入への示唆 ·· 142

第5章　金融イノベーションの環境整備・フィンテック促進

1. フィンテック発展を促す意義 ·· 146

   (1) フィンテックへの世界的な関心
      ―金融包摂、社会的課題の解決など― ·································· 146

   (2) 金融イノベーションとしてのフィンテックの特徴 ······················ 147

2. 金融イノベーションを生み出す環境作り ···································· 154

   (1) フィンテックを推進する上での東京の利点 ···························· 154

   (2) フィンテックを推進する上での東京の課題 ···························· 155

   (3) 東京に求められる取組みの方向性 ···································· 158

3. 東京版フィンテックセンター構想等 ·· 159

4. 革新的フィンテックビジネスの開発支援―「規制の砂場」、エコシステム、
   資金調達環境など― ·· 160

（1）規制面 ……………………………………………………………… 160

　　（2）幅広い主体が連携・協調できるエコシステムの確立 ……………… 162

　　（3）資金調達環境 ……………………………………………………… 162

　5．海外との協力・高度金融専門人材の育成 ……………………………… 163

第6章　東京金融賞の構想と提案

　1．金融賞の問いかけ ……………………………………………………… 166

　2．経済と金融：歴史的発展 ……………………………………………… 167

　3．ESG と責任ある投資 ………………………………………………… 170

　4．東京の SDS 目標 ……………………………………………………… 173

　5．東京金融賞実現への要件 ……………………………………………… 176

第7章　国際金融都市で求められる原則

　1．国際金融都市で求められる 3 つの原則 ……………………………… 180

　　（1）3 つの原則が今重視されている理由 ………………………………… 180

　　（2）3 つの原則に共通する規律のあり方 ……………………………… 184

　2．「責任ある機関投資家」の諸原則《日本版スチュワードシップ・コード》

　　を徹底する必要性 ……………………………………………………… 187

　　（1）7 つの原則とその下の指針 ………………………………………… 187

　　（2）SS コードの受入れを表明した機関投資家 ………………………… 193

　3．「上場企業が守るべき行動規範」の普及・定着の意義 ……………… 193

　　（1）5 つの基本原則とその下の原則、補充原則 ……………………… 194

　　（2）CG コードへの対応状況 …………………………………………… 206

　4．「投資家・顧客目線の業務運営」は国際金融都市の最低条件 ……… 207

　　（1）FD 原則の内容 ……………………………………………………… 207

　　（2）FD 原則の受入れ状況 ……………………………………………… 211

7

5.「形式」から「実質」への変革の実現に向けて……………………212

終　章　国際金融都市・東京のあり方：私案

1. 東京はアジアの金融中心都市に復活できるか……………………216
   (1) 東京はかつてアジアの金融中心……………………………………216
   (2) 今は香港、シンガポール、上海……………………………………216
   (3) 金融市場と金融ビジネスの構造変化………………………………217
   (4) 東京は復活できるか…………………………………………………218

2. 金融都市への戦略変数……………………………………………………218
   (1) 最大の戦略変数は税率・税制………………………………………218
   (2) 税引後の収益力に着目せよ…………………………………………219
   (3) 高度人材の仕事・生活環境も大切…………………………………220

3. 東京が目指し得る金融都市像……………………………………………220
   (1) 金融都市特区税制の実現を…………………………………………220
   (2) 資産運用の市場インフラの整備……………………………………221
   (3) Fin Tech は有望なフロンティア………………………………………222
   (4) 象徴としての Fin Tech センター設置を……………………………222
   (5) 快適な生活環境のさらなる整備……………………………………223

4. 快適生活環境は国際金融都市の重要基盤……………………………224

巻末付録　「国際金融都市・東京」構想〜「東京版金融ビッグバン」

の実現へ〜………………………………………………………227

序

国際金融都市・東京に向けて

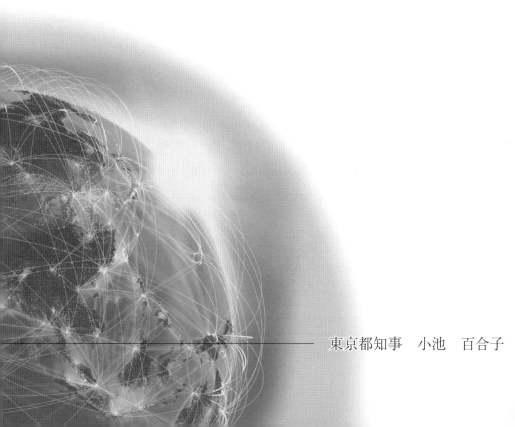

東京都知事　小池　百合子

アジアの金融中心都市の変遷

　東京は、日本経済のエンジンとして、成長を続ける都市でなければならない。都では昨年12月、東京の成長・発展のために、都政の具体的な政策展開を示す総合計画である、「都民ファーストでつくる『新しい東京』～2020年に向けた実行プラン～」を策定した。この実行プランでは、東京が日本のエンジンとして2020年以降のサスティナブルな成長を実現するための「4つの挑戦」を掲げ、東京の挑戦の実現に向けて具体的に展開していく「5つの戦略」、いわゆる「FIRST戦略」(注)を定めた。FIRSTのFはFinance、金融であり、都市として成長していくために必須の要素である。

　私がかつて経済番組のキャスターを務めていたころ、東京はまぎれもなくロンドン、ニューヨークと並ぶ国際金融センターであった。しかし現在では、たとえば、Z/Yenグループが発表している「The Global Financial Centres Index」の最新順位（2017年9月時点）をみても、東京は香港、シンガポールを下回る5位に甘んじていることに加え、世界銀行が毎年発表するビジネスのしやすさに関するランキングの最新版「ビジネス環境の現状2017」においても、我が国の順位は34位(対象：世界190カ国・地域)と、前年の32位より順位を2つ落とすなど、日本、東京をめぐる状況は厳しい。

　東京が再びロンドン、ニューヨークと並ぶ国際金融都市になるためには、香港、シンガポールなど他のアジアの国際金融都市との競争に勝ち抜き、アジア・ナンバーワンの国際金融都市の地位を勝ち取らなければなら

(注) 金融（Finance）、イノベーション（Innovation）、強みを伸ばす（Rise）、誰もが
　　活躍（Success）、最先端技術（Technology）の頭文字を並べた戦略。

ない。そのためには東京都はもちろん、国、金融関係事業者が世界の金融市場でいま何が起きているのかということを把握し、国際金融都市としての東京が、国際金融の潮流にあった施策を的確に推進していく必要がある。

このため、東京都では2016年11月、私をはじめ、国内外の有識者により構成される「国際金融都市・東京のあり方懇談会」を設置し、金融の活性化や海外の金融系企業が日本に進出するにあたって障害となる課題や、課題解決に向けた方策について幅広く議論を進めてきた。また、懇談会とは別に2017年6月には、外資系金融機関のCEO等から私が直接意見交換を行う機会を設け、東京が国際金融都市になるために望まれる取組みについての議論も行った。

そして、懇談会の議論などを参考に、東京都がこのたび策定、公表したものが「東京版金融ビッグバン」ともいうべき、「国際金融都市・東京」構想である。

2 金融市場と金融ビジネスの構造変化

我が国では近年急速な少子高齢化が進んでおり、東京もその例外ではない。今後、東京が世界における都市間競争を勝ち抜いていくためには、人口減少社会が本格的に到来する中でも、経済成長を実現し続けていくことが必要になる。

かつて日本の銀行は、個人から集めた預金などを原資に国内外の様々なプロジェクトに資金供給を行い、日本経済の発展に寄与してきた。しかし、現在、1,800兆円余に及ぶ日本の家計部門の金融資産のかなりの部分が現金・預金に滞留している一方で、銀行の預貸率は年々低下傾向にあるなど、我が国の豊富な個人金融資産が国内外の成長分野に対する資金供給

の原資となっていない状況に陥っている。

　一方、銀行や証券と並んでリスクマネーを供給する役割を担っている資産運用業において、我が国の資産運用会社数は、香港、シンガポールのそれに比して大幅に少ない状況にある。また、近年、仮想通貨や決済アプリなどといった面で世界的に注目されているフィンテックの分野については、我が国でもビットコインによる決済が注目を浴び始めてはいるが、多くの国民がフィンテックにより生み出された技術による変化を感じているかというと、そこまでの状況には至っていないのではないか。

　我が国の金融・保険業がGDPに占める割合を、5%に満たない現状からイギリスに近い10%へと倍増させたとすると、GDPを約30兆円押し上げる効果がある。東京は国内外の様々な金融系企業が集積しているエリアであり、金融業は東京の「地場産業」ともいえる産業である。金融業を活性化するとともに、ここから今後成長が期待されるフィンテックなどの先進分野に対して積極的にリスクマネーが供給され、これらの産業を活性化させることができれば、東京の成長戦略は大きく進展する。

　今回とりまとめた「国際金融都市・東京」構想には、金融市場をめぐるこのような環境の変化を踏まえ、東京が国際金融都市として輝くために目標とすべき都市像と、それを実現するための具体的施策が著されている。

東京が目指すべき国際金融都市像

　金融市場と金融ビジネスの構造が大きく変化している中、今後、国際金融都市・東京はどのような姿を目指していくべきなのか。「国際金融都市・東京」構想においては、具体的に目指す姿として4つの都市像を掲げている。

序　国際金融都市・東京に向けて

図表　「国際金融都市・東京」が目指す４つの都市像

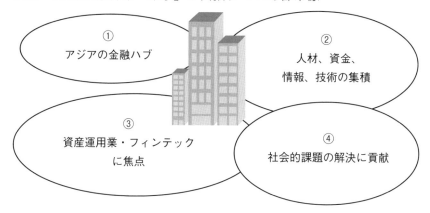

① アジアの金融ハブとしての国際金融都市・東京
　〜東京が、日本国内の豊富な家計部門の金融資産を、日本を含むアジアの成長に資金供給していくためのハブになる。
　→現在、現金・預金の形で眠っている我が国の家計部門の金融資産を、金融業により国内外の投資案件に資金供給できれば、東京が日本のみならずアジアの経済成長の拠点となる。

② 金融関係の人材、資金、情報、技術が集積する国際金融都市・東京
　〜東京が、優秀な金融関係の人材が集い、世界中から運用資金や情報が集まり、高度な金融技術を有する金融系企業が集う都市になる。
　→高度な金融技術を有する人材や企業、世界中から運用資金や情報が集まれば、新たな金融サービスの提供などにより、東京が金融市場におけるトレンドの最先端を走る都市になる。

③ 資産運用業とフィンテック企業の発展に焦点をあてた国際金融都市・東京
　〜資産運用業とフィンテック企業が発展することで、東京の金融業が

13

活性化される。

→成長分野や産業の再編にリスクマネーを供給する役割を担う資産運用業、今後世界的に成長が見込まれるフィンテック産業。東京でこの両者が発展することで、東京の金融業は大きく活性化され、東京の経済発展に大きく寄与する。

④ 社会的課題の解決に貢献する国際金融都市・東京

〜金融系企業の行動規範としてグローバルなトレンドとなっている投資家・顧客本位、ESG 投資を取り込み、社会的課題の解決に貢献する都市になる。

→金融業による投資家・顧客本位の経営、投資先選定にあたって環境、社会、企業統治を重視した ESG 投資。東京でこれらの取組が進むことで、東京は投資家、投資先企業の両者にとってフェアで優しい都市になる。

「国際金融都市・東京」構想に掲げられた施策を推進することでこれら4 つの都市像を実現できたあかつきには、東京が日本やアジア各地への資金供給拠点としてアジア全体の経済成長に貢献するのみならず、資産運用業やフィンテック企業による新たな金融商品や決済サービスの提供などにより、都民の資産形成にかかる選択肢の増加や生活利便性の向上も期待できる。国際金融都市というと自分とは関係ない「マネーゲーム」の世界だと思われる方もいるかもしれないが、東京が国際金融都市として輝くことは、東京に進出した国内外の金融系事業者だけでなく、都民も大きなメリットを享受することができるものであるということを、ぜひこの機会に知ってもらいたいと思う。

国際金融都市・東京として復活できるか

　ロンドン、ニューヨークと並ぶ国際金融都市であった東京が、世界に冠たる国際金融都市としての地位を取り戻すためには、今回がラストチャンスとの危機感を持って、構造的・本質的な課題に踏み込み、抜本的な克服策を見出していかなければならない。また、これまで類似の検討が繰り返されてきた経緯を踏まえると、今回は単に議論で終えるのではなく、必ずや具体的な「行動」に結び付けていかなければならない。NATO（No Action Talk Only）ではいけないのである。

　「国際金融都市・東京」構想においては、東京がアジア・ナンバーワンの国際金融都市として復活するための方策として「魅力的なビジネス面、生活面の環境整備」、「東京市場に参加するプレーヤーの育成」、「金融による社会的課題解決への貢献」という3本の柱に基づき、19の施策を掲げている。具体的には、

「税負担軽減に向けた見直し」

「国との連携による金融手続の迅速化」

「官民一体となった海外プロモーション活動」

「東京金融賞（仮称）の創設」

「新興資産運用業者育成プログラム（EMP）等の導入」

「フィンテック等のイノベーション活性化に向けた環境づくり」

「顧客本位の業務運営（フィデューシャリー・デューティー）の徹底に向けた取組」

などの項目である。ただし、留意すべきは、ここで掲げた施策の大部分は東京都単独では実現することができない内容であり、国や民間事業者の協力があって初めて効果を現すことができるものだということである。

東京がアジア・ナンバーワンの国際金融都市として輝くためには、東京都のみならず国や民間関係事業者が三者一体となって、本骨子や今後まとめる構想に書かれる各施策を実現していかなければならない。そのためには、国や民間事業者がこの構想に書かれている施策に理解を示すとともに、東京都とともにこれを強力に進めるための体制の構築が必要である。「東京版金融ビッグバン」ともいえる今回の構想の公表を契機にして、国内外の金融に関わる関係者が、東京が再び国際金融都市として輝くべく、一致団結して施策を推進していくことを期待する。

第1章

「国際金融都市・東京」構想の全体像

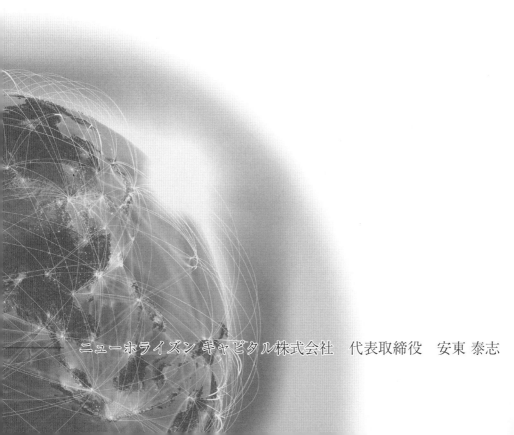

ニューホライズン キャピタル株式会社　代表取締役　安東 泰志

小池都政における「国際金融都市・東京」構想の位置付け

(1) 小池都政発足時の状況

　2016年8月に就任した東京都の小池知事は、その選挙公約に「セーフ・シティ」「ダイバーシティ」「スマート・シティ」という、いわゆる「3つのシティ」を掲げていた。その中でも、東京都の都市競争力を高めるための成長戦略を担うのが「スマート・シティ」であり、具体的には「金融先進都市」「環境先進都市」が例示されていた。すなわち、「国際金融都市・東京」構想は、小池都知事の選挙公約がその出発点である。

　小池都政の前にも東京都は2014年以来、「東京国際金融センター推進会議」を設置し、

① 海外の企業・人材が東京でビジネスをしやすい環境づくり
② 国内外からの資金を、今後国内で成長が見込まれる分野へ呼び込む仕組みづくり
③ 国内の金融資産を、預金中心から、その他金融商品への運用に広げるための仕組みづくり・商品開発
④ 国際金融センターで活躍できる人材の育成

等について討議が行われていた。

　また、ほぼ同時期に、日本証券業協会、(株)日本取引所グループ、投資信託協会及び日本投資顧問業協会の共催により、証券界・資産運用業界として、東京の国際金融センターとしての役割・課題等について検討を行うため、「東京国際金融センターの推進に関する懇談会」が設置され、活発な議論が行われていた。特に、資産運用業の強化が必要との認識から、同懇談会の下に「資産運用等に関するワーキング・グループ」も設置され、

実際に様々な提言がなされていた経緯にある。2015 年 9 月に出された「国際金融センターの推進に関する懇談会報告書」の中では、資産運用業、及びビジネス・生活環境に関する以下の諸点について政府・東京都への要望を検討するとされている。

① 資産運用業育成のための国家戦略特区の活用等
② 日本版「新興運用者育成プログラム」(EMP) の創設
③ 公的年金の運用報酬体系の変更
④ NISA 及びジュニア NISA の恒久化、拡充及び簡素化
⑤ DC (確定拠出年金) に係る特別法人税の撤廃、拠出限度額の引上げ
⑥ 金融資産の世代間移転の促進に資する環境整備
⑦ 行政における英語対応の強化
⑧ 外国人が暮らしやすい生活環境等の整備
⑨ 東京での金融ビジネス展開に対する柔軟な金融監督行政の推進

小池都知事下での「国際金融都市・東京」構想は、それに先立つこれらの動きをある程度まで踏まえたものであることは当然であるが、根本的に違う部分も存在する。それについて以下に詳述する。

(2) 小池都政における新たな取り組み

「国際金融都市・東京」構想における小池都政の特徴は、小池都知事が本件への本格的取組みを公表した 2016 年 11 月 11 日の定例記者会見での発言に顕著である。

小池都知事は、同日の記者会見の冒頭で、「東京がアジア・ナンバーワンの国際金融都市の地位を取り戻すことは、私が目指す〈スマート・シティ〉の最重要パーツ。このための取組みに、いよいよ着手する」と、公約の実現に向けて強い意欲を示した。その上で、以下のように続けた。

「金融産業の振興は、ロンドン・ニューヨークの例を待つまでもなく、都市の魅力や競争力を維持する上でも、また、2020年までにGDP600兆円を目指すとしている政府の成長戦略を実現する上でも避けて通れない課題であると思う」。

そして、日本の金融業のGDP比はわずか5%程度であり、12%（出所：TheCityUK）となっている英国に大きく見劣りすること、そして、その比率を5%から10%に引き上げることができるならば、単純計算でGDPを約30兆円押し上げることになると述べた。実際、自民党は2012年の総合政策集で、「金融業のGDP比率を10%台に押し上げる」としており、小池都知事の主張は、自民党の主張に沿い、安倍政権が掲げる「2020年頃までに名目GDP600兆円」という意欲的な構想を後押しするものとも言える。

小池都知事は、さらに、「金融の活性化については、これまで何度も手がけられてきたが、必ずしも十分な効果が上がっているとは言い難いと考えている」とした。

英国の独立系シンクタンクZ/Yenグループのグローバル金融センター指数でみると、東京は、ロンドン・ニューヨークは言うに及ばず、香港・シンガポールにも大きく水をあけられて総合順位は5位に甘んじているのが現状だ。

小池都知事はその理由について、「東京市場には『見えない参入障壁』が山のようにあるからだと思う。もちろん、英語の問題もあるが、それ以上に、世界標準とかけ離れた、いわば『ガラパゴス化』した業界慣行・規制・税制がたくさん残っていることが、世界の金融機関を遠ざけているのではないか」と述べ、それに対する方針として、「東京を国際金融市場にするためには、何よりも既成事実や既得権益を乗り越えることが重要だ。例えば、利益相反の防止やコーポレートガバナンスの改善等により、投資

家本位の市場を実現したい」と述べた上で、次のようなメッセージを発した。

「小池都政は、豊洲問題やオリンピック・パラリンピックの会場選定問題の時と同様、既成事実や既得権益に囚われることなく、都民ファーストで合理的に判断していく。国際金融都市は、税金を投入してビルを建てることに限ったものではなく、既成事実や既得権益を乗り越えることのほうが、はるかに大事なことだと思っている」。

小池都政は、発足当時、都議会の付帯決議で定められた環境基準を満たしていない可能性がある（そして、実際、2017年1月に満たしていないことが確認された）豊洲新市場への移転問題や、膨張し過ぎていたオリンピック・パラリンピック経費の問題等に意欲的に取り組んでいたが、「国際金融都市・東京」構想においても、既成事実や既得権益に捉われることなく、意欲的な取組みをするという宣言であった。

さらに、前日（2016年11月10日）、米国の大統領選挙に勝利したトランプ氏の政策を引き合いに出し、同氏が連邦法人税を大幅に引き下げること、相続税を見直すこと、金融規制を見直すことなどを示唆していることから、東京もそれを意識して政策立案をする必要があると訴えた上で、成長戦略の核としてこれがラストチャンスという危機感を持ち、構造的・本質的な課題にまで踏み込んで議論を深め、政府の協力も得て進めていく決意を表明した。

そして、具体的には、2つの会議体を立ち上げるとした。

1つめは「国際金融都市・東京のあり方懇談会」（以下「懇談会」）。懇談会では、金融の活性化や海外の金融系企業が日本に進出するにあたって障害となる課題を洗い出した上で、その解決に向けた税制やインセンティブ、市場活性化等の抜本的対策について、知事と金融の専門家や企業経営者等の間で1年程度をかけて忌憚のない議論を行う。日本人だけでなく、

海外の方々にも意見を伺っていく。懇談会は公開で実施する。この懇談会の議論を踏まえて最終的には東京都が政策を立案することになる。

2つめは、「海外金融系企業の誘致促進等に関する検討会」(以下「検討会」)。検討会では、海外の資産運用業やフィンテックなどの企業誘致、手続ワンストップ支援、特区を活用した生活環境支援などについて、都、金融庁及び民間事業者等の実務担当者の間で、2016年内に結論を出し、2017年度から着手が可能な当面の対応を検討する。

このように、小池都知事が進めようとしている「国際金融都市・東京」構想は、かねてからの各種議論は踏まえるものの、業界ごとの慣行や既得権益にまで踏み込んだ思い切った改革を志向するものと言えよう。

(3) 課題解決型の「検討会」、画期的な「懇談会」

上記の経緯で設置された「懇談会」と「検討会」であるが、「検討会」は、かねてから指摘されていた海外金融系企業の誘致等に関する各種論点について実務レベルで具体的な解決策を見出すことが主な目的であった。詳細については第2章に譲るが、この検討会の結論を踏まえ、2016年12月には、以下のような点が盛り込まれた方針が東京都から公表された(図表1-1)。

① 海外金融系企業の発掘・誘致
② 進出後手続支援
③ 国家戦略特区の活用による生活環境支援

各々に細目の施策が盛り込まれており、うち一部は既に2017年度に予算措置がなされて実現したものもあり、また、後述する「懇談会」での議論に委ねられたものもある。

一方、「懇談会」のほうには、画期的な仕組みが組み込まれた。

まず、メンバーの多様性と意思決定の早さである。メンバーは図表1-2

第1章 「国際金融都市・東京」構想の全体像 ▼

図表 1-1　海外金融系企業の誘致促進等に向けた当面の対応（概要）

海外金融系企業の日本進出前から実際の事業開始に至るまで、進出の段階別にきめ細かにサポート。

| 1.　日本におけるビジネス　実現可能性の検討 | 2.　ビジネスプランの策定 | 3.　ライセンス登録、拠点設立準備 | 4.　事業開始 |

Ⅰ 海外金融系企業の発掘・誘致
- ① 都による発掘・誘致活動：市場調査、ビジネスプラン策定、ライセンス登録準備等の無償コンサルティング [新規]
- ② アクセラレータプログラム（起業加速支援プログラム）：海外の FinTech 企業の優れた先端技術と国内金融機関等のニーズとのマッチング支援 [新規]
- ③ 官民連携による金融プロモーション活動：官民連携による海外プロモーション活動の検討 [新規]
- ④ 相続税見直し：外国人駐在員が日本で死亡、または外国人駐在員の親族が外国で死亡した際の国外財産課税の取扱い見直し [新規]

Ⅱ 進出後手続支援
- ① 金融ビジネス相談機能の強化
  - ・金融ワンストップ支援サービスの開設：専門家による金融関連の法規制上の複雑な情報提供等（金融庁の相談窓口と連携）[新規]
  - ・東京開業ワンストップセンターにおけるサービス拡充：英語申請対応の導入、サテライトセンターの設置等 [拡充]
  - ・金融庁の一元的な相談窓口の設置：金融庁における海外のアセットマネージャー並びにアセットオーナーに対する相談窓口の設置 [新規]
- ② 英語解説書の整備：登録申請手続等に関する解説書の作成（金融庁が監修）[新規]

Ⅲ 国家戦略特区の活用による生活環境整備
- ① 外国人材による家事支援外国人受入事業：家事支援外国人材の受入特例の実績拡大（2016.9 認定）
- ② 高度金融人材誘致促進に資する在留資格特例：家事使用人等の帯同が可能となる高度人材ポイント制度における特別加算要件の緩和
- ③ 外国人医師の特例：外国人医師の特例制度（2017.9 より聖路加メディローカス等で実施）の充実化
- ④ 東京駅前・虎ノ門地区へのインターナショナルスクール誘致：高水準プログラムのインターナショナルスクールの誘致サポート

| 今後の検討課題 | ✓税制の見直し　✓資産運用業者の育成　✓各種規制の見直し　✓投資教育・人材育成の充実　✓英語環境の整備 |

出所：東京都 HP

のとおりであるが、小池都知事が毎回最後まで出席することはもちろん、全国銀行協会、日本証券業協会、日本投資顧問業協会、日本ベンチャーキャピタル協会の各会長、日本損害保険協会の副会長、そして日本銀行の決済機構局長、独立系のプライベート・エクイティ・ファンドやフィンテック企業のトップ、学者や税務の専門家の方々のほか、国際銀行協会の会長、英国の元ロードメイヤー（英国シティー・オブ・ロンドンの市長）など、外国人も3人加わり、さらには、金融庁や在日英国大使館なども陪席していることから、東京に存在している金融機能や行政のトップが1カ所に集結した形になった。先述のように業界の既得権益を乗り越えて横断的な検討と意思決定を促すための仕組みである。

　次に、全ての議論が公開されていることだ。小池都知事の方針で現在の

23

図表 1-2 「国際金融都市・東京のあり方懇談会」メンバー

所属・役職	氏名（出席回）
東京都知事	小池 百合子
一般社団法人国際資産運用センター推進機構理事	有友 圭一
一般社団法人日本投資顧問業協会会長	岩間 陽一郎（第１回〜第５回） 大場 昭義 （第６回〜第８回）
一般社団法人日本ベンチャーキャピタル協会会長	仮屋薗 聡一
早稲田大学大学院経営管理研究科教授	川本 裕子
株式会社 KKR ジャパン会長	斉藤 惇
インテグラル株式会社代表取締役パートナー	佐山 展生
公立大学法人首都大学東京理事長 アジアヘッドクォーター特区地域協議会会長	島田 晴雄 （第５回〜第８回）
日本証券業協会会長	稲野 和利 （第１回〜第５回） 鈴木 茂晴 （第６回〜第８回）
公認会計士・税理士	須田 徹
株式会社お金のデザイン取締役 / ファウンダー	谷家 衛
一般社団法人全国銀行協会会長	國部 毅 （第１回〜第３回） 小山田 隆 （第４回〜第５回） 平野 信行 （第６回〜第８回）
一般社団法人日本損害保険協会副会長	牧野 治郎
日本銀行決済機構局長	山岡 浩巳
シティ オブ ロンドン グリーンファイナンスイニシアチブ議長 SEB 銀行シニアバンカー	Sir Roger Gifford
一般社団法人国際銀行協会会長	Jonathan B. Kindred
ウィズダムツリー・ジャパン株式会社 CEO	Jesper Koll

都政は全般的に情報公開が進んでおり、「どこで、いつ、誰が、何を決めたのか分からない」というブラックボックスを徹底的に排除している。今回の懇談会は国際色が豊かで、日英２カ国語、かつ、必要に応じて TV 会議を活用して世界各地にいる参加者を結んで行われたが、その会議の内容

第 1 章 「国際金融都市・東京」構想の全体像

はすべてメディアに公開され、資料や議事録も速やかに公開されている。

また、公開された会議の場では言いにくい本音を探るために、都庁の事務局や座長補佐は参加者を個別に訪問して意見集約を行ったほか、海外でのロードショーにおける海外の金融関係者や投資家の意見も聴取した。さらに、2017 年 6 月には、外資系金融機関 CEO 等と小池都知事との意見交換会が都庁で開催された。

これらの工夫により、懇談会では、小池都政以前に課題であった事項の解決はもちろん、それまで俎上にも上がっていなかった画期的な取組みが討議され提言されるに至ったのである。

最終提言に盛り込まれた各種施策の概観

（1）アジアの金融ハブとしての地位を再確立

東京都が国際金融都市を再度標榜する背景には、成長戦略の必要性がある。少子高齢化の進展により東京都の人口も 2025 年頃を境に減少に向かうと見られており、それを乗り越えて経済成長を実現していかないと、激化する都市間競争に勝つことはできず、持続可能な都市にはならない。また、後述する社会的諸問題の解決にあたっても金融機能が有効に機能することが期待される。

既に述べたように、現在東京は、アジアの中で香港やシンガポールに、あらゆる面で後れを取っている（図表 1-3 〜 1-5）。もちろん、香港は後背地に GDP 世界 2 位の中国があること、シンガポールは都市国家であり 税制や規制に融通が利くことなど、東京と単純に比較できないところがある。また、日本はバブル崩壊後の「失われた 20 年」で株価が低迷するなど、銀行業務や資産運用業務にとって魅力に乏しいマーケットになってし

図表 1-3 The Global Financial Centres Index（Sep 2017）
（国際金融センターインデックス　2017 年 9 月）

< Z/Yen Group GFCI20 Overall >

Rank	City	Rating
1	London	795
2	New York	794
3	Singapore	752
4	Hong Kong	748
5	Tokyo	734
6	San Francisco	720
7	Boston	719
8	Chicago	718
9	Zurich	716
10	Washington DC	713

　まった。しかし、東京が金融先進都市であるためには、まずアジアの金融
ハブの地位を回復する努力が必要である。幸い、日本にはまだ家計部門の
豊富な金融資産が存在する。その強みを生かしつつも、今後は豊かさを手
に入れつつあるアジア諸国の中で東京市場が十分に金融仲介機能を発揮し
ていくことが求められる。

　今回の東京都の構想は、その観点から従来にない踏み込んだ政策を多数
織り込んでいる。ただし、東京がアジアの金融ハブになるためには、市場
構造として、テクニカル面において、もう少し踏み込んだ対応が必要にな
る部分もある。その点については、本節（11）にて改めて述べることとす
る。

図表 1-4　Number of Asset Management Companies（資産運用会社の数）

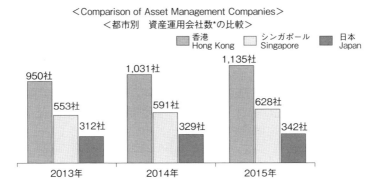

Source: Figures of type 9 in "Fund Management Activities Survey" published by The Securities and Futures Commission of Hong Kong.
Figures of Registered & Licensed Fund Managers in "Asset Management Survey" pubulished by Monetary Authority of Singapore.
Figures of Investment Management Business in the list of Financial Instruments Business Operators published by Financial Services Agency of Japan.

出所：SFC（香港）公表のFund Management Activities Survey 内のType 9（Asset Management）の数値
　　　MAS（シンガポール）公表のAsset Management Survey 内のRegistered & Licensed Fund Managers の数値
　　　金融庁（日本）公表の金融商品取引業者登録一覧内の投資運用業の数値

（2）資産運用業とフィンテックの振興

　日本は、伝統的に間接金融が優位なマーケットであり、3メガバンクをはじめとして多数の銀行が存在する。また、それら銀行の経営は、比較的安定している。しかし、それだけで、東京が国際金融都市としての条件を満たしているとは言い難い。国際金融都市の定義は、「金利、通貨、株式、債券について、それぞれの現物、先物、デリバティブなどを取引する金融機関が集まった『場』の概念を示すことが多い。…（中略）…したがっておおまかに言えば、国際金融センターとは、多種多様な金融商品及びその周辺の取引が国際化し、プレイヤーも国際化した場所」(対木さおり「国際金融センターとしての東京の地位と課題（その1）」三菱総合研究所所報2009 NO.51・NO.52 研究ノート）だからである。

　すなわち、東京が国際金融都市であるためには、資金調達のために証券

図表 1-5　Hedge Fund Managers' Location in Asia-Pacific Region
（パンアジアにおけるヘッジファンドマネージャーの所在国）

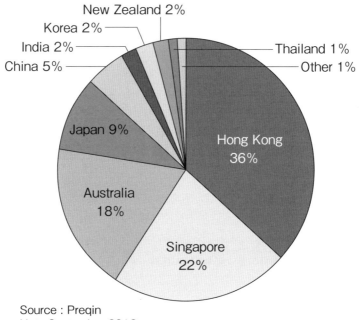

Source : Preqin
Note:September 2013

化された商品や市場性がある商品が自由闊達に取引される、分厚い直接金融市場が形成されている必要がある。そのためには、そうした市場に流動性を供給する資産運用業が東京に集積していなければならない。

　また、既に国際間競争で後れをとっている状況に鑑みると、東京が香港やシンガポールに伍していくためには、今後の金融のあり方を大きく左右する最先端の金融技術であるフィンテック分野で他の金融都市に先んじた取組みを進めていく必要がある。

　これらの理由により、今回の構想は、資産運用業とフィンテックの振興に重点が置かれている。このことは、冒頭に紹介した「国際金融センターの推進に関する懇談会報告書」の提言と軌を一にする。

内外の資産運用業とフィンテックを東京に集積させるためには、それらの業者に、東京が他の都市と比べて優位であると感じてもらう必要がある。たとえば、他の都市に比べて著しく高い法人税、複雑な規制、言語の壁等の存在は、資産運用業にとって高いコストに直結し、それを投資家に付け替えるため、投資家の集積も難しくなりかねない。高い所得税や硬直的な労働法制、さらには不透明な相続税の扱いなどは、高度人材の集積を妨げる。

東京には、豊富な家計部門の金融資産だけでなく、言論の自由や民主主義、そして街の安全や食の魅力といった都市としての強みがあるものの、少なくともビジネスをする上では、他のライバルに比べて、コスト面で同等かそれに近い土俵を用意する必要がある。

以下に詳述する各施策は、そういう観点から、従来の常識に囚われることなく、各業界トップや外国人有識者が参画した懇談会で議論が重ねられたものである。

(3) 税制の見直し

東京がアジアのライバルと戦っていく際に、どうしても避けて通れないのが税制の問題である。2015年時点で、東京の法人実効税率は30％を超えているのに対し、ライバルである香港は16.5％、シンガポールは17％となっている（図表1-6）。さらに、英国も20％（2017年から19％にさらに引き下げられ、今後段階的に15％まで引き下げられる見込み）であるほか、米国もトランプ大統領が大幅な連邦法人税の引下げを提唱している。また、日本は、所得税や相続税の最高税率も圧倒的に高い上、相続税に至っては、一定期間日本に在住した外国人が帰国後の一定期間以内に死亡した場合には日本の国税当局に海外資産まで押さえられかねないという制度上の問題が指摘されてきた。

図表 1-6　Condition of Tax Rate（税率の状況）

	Tokyo	New York	London	Hong Kong	Singapore
Corporate Effective Tax Rate as of 2016 （法人実効税率）	30.86%	45.67% *1	20% *2	16.5%	17%
Income Tax Rate （所得税率）	5〜45%	10〜39.6%	20〜45%	2〜17%	0〜20%
Inheritance Tax Rate （相続税率）	10〜55%	18〜40%	40%	No Tax	No Tax
Tax Rate for Interest Income （利子課税）	20%	10〜39.6%＋ State Tax etc	10〜45%	No Tax	No Tax (Generally)
Tax Rate for Dividend （配当課税）	20% under separate selfassessment taxation	0〜20%＋ Sate Tax etc	10〜37.5%	No Tax	No Tax (Generally)
Tax Rate for Capital Gain （キャピタルゲイン課税）	20%	0, 15, 20%＋ State Tax etc	18.28%	No Tax	No Tax (Generally)

*1　As of 2015.
*2　Bank Tax is additionally imposed on major banks in UK
The data is mainly based on Mizuho Research Institute's Investigation in 2015

　これでは海外の金融系企業や高度人材が日本に来るインセンティブに乏しいことは言うまでもない。少なくとも国際金融都市になるための最重点分野である内外の資産運用業やフィンテックを東京に集積させるためには、こうした税制上の問題点をクリアする必要がある。しかし、法人税、所得税、相続税の大半は国税に属することもあり、税制面で少しでもライバル都市に近付くために、東京都が独自に対応できる部分だけでなく、国にも働きかけを行うことは必須である。

　詳細については第3章をご参照いただきたいが、これらについての現在の進捗状況の概要は以下のとおりである。

①　法人実効税率の引下げ

　現在（2017年12月）、内閣府との間では、国家戦略特区税制（所得控除）の仕組みを利用して、創業後5年間、所得の20％を控除できる制度の適用範囲に、資産運用業とフィンテックを加える方向で協議がなされており、仮にこれが通れば、対象となる企業にとっては、東京における法人実

効税率が現在の 30.86％から 24.69％に下がることとなる。これに加えて仮に東京都が法人 2 税（法人事業税、法人住民税）を免除すれば、法人実効税率は最大 21.25％まで下げることができ、概ね英国並みの水準となる。

特区を活用し、限定的とはいえ法人実効税率の引下げが可能になれば、東京が国際金融都市となるために必要な、資産運用業やフィンテック企業の新規参入を促す意味で画期的なことである。しかし、これだけでは、東京が香港やシンガポールをはじめとするライバル都市と肩を並べるには極めて不十分である。その理由は以下のとおり。

第一に、香港やシンガポールの法人実効税率は 17％以下と、本件後の東京の水準と比べても、なおはるかに低い。

第二に、対象事業者は「創業後 5 年間」だけの所得控除を受けられるとされていることだ。これでは、創業後 5 年を過ぎている大半の資産運用業者やフィンテック企業にとってまったくメリットがないことになる。また、仮にそれで新規参入を検討する業者がいたとしても、5 年後には再び法人実効税率が 30％台に戻るということであれば、長期的に東京に進出する計画は描き得ないものと考えられる。すなわち、減税は時限的なものではなく、恒久的なものであるべきだ。

第三に、創業後 5 年間という時期は、新規参入者にとっては創業赤字が続く可能性が高い。すなわち、もともと納税がないか、あっても非常に少ないことが予想される。したがって、今回の措置の対象となった事業者にとっても、メリットはさほど大きくないものと思われる。

内外の資産運用業やフィンテック企業が、東京に拠点を恒久的に構えるか否かの判断において大きな要素を占めるのが他の都市との間の税負担を含めたコスト面の比較である。百歩譲って、仮にフィンテック企業については「ベンチャー企業の創業支援」という位置付けで本件措置に留めるとしても、東京市場のこれ以上の地盤沈下を防止するためには、資産運用規

模が一定水準以下の内外の独立系の資産運用業に対して、恒久措置として最低でも香港・シンガポール並みの法人実効税率を適用すべきであり、それが国益でもあると考える。その観点から、引き続き我が国の成長戦略の一環として政府の協力を求めていくことが必須であろう。

② 外国人に対する相続税の見直し

そもそも日本の相続税は諸外国比で非常に高い。香港やシンガポールのように相続税自体をなくすのは極論であるとしても、内外の高度人材を東京に集積させ、定住させる上で、相続税のあり方やその税率を見直すべきは当然である。特に重点分野である資産運用業やフィンテックに従事する者に対しては国際競争力の観点から一層戦略的な検討が必要であろう。

しかし、目先の問題は、日本で勤務した外国人に対する相続税のあり方である。日本で勤務する外国人駐在員が日本で死亡した場合には、その人が母国に残してきた資産を含め、世界中の資産に対して課税されることになっていた。さすがに近時やや改善され、「過去 15 年以内に日本に住所を有していた期間が合計 10 年以下の場合」に限り、日本の財産のみに課税されることとなった（図表1-7）が、かかる税制が残っている限り、海外の高度人材が 10 年以上日本に居住しにくくなることは明らかである。

本件は国税に属する問題ではあるが、東京が国際的な都市間競争に打ち

図表1-7　相続税の見直し

問題となるケース	改正前	改正後
①日本に居住する外国人駐在員が、日本で死亡した場合	日本で死亡した外国人駐在員の全世界財産（日本国内の財産だけでなく母国に残した財産を含む）に課税	日本で死亡した外国人駐在員が一定の要件（※）を満たす場合は、国内財産のみに課税
②日本に居住する外国人駐在員の親族が、外国で死亡した場合	外国で死亡した親族の全世界財産に課税	日本に居住する外国人駐在員が一定の要件（※）を満たす場合は、国内財産のみに課税

（※）①出入国管理及び難民認定法別表第 1 の在留資格があること。
　　　②過去 15 年以内において国内に住所を有していた期間の合計が 10 年以下であること。

第1章 「国際金融都市・東京」構想の全体像 ▼

勝ち、日本の成長に寄与するためにも、引き続き政府の協力を要請していくことになろう。

(4) 新興資産運用業者育成プログラム（EMP/TMP）

東京を世界一流の国際金融都市たらしめるためには、資産運用業者の育成・誘致が鍵を握る。そのため、内外の独立系資産運用業者を育成するための新興資産運用業者育成プログラム（Emerging Manager Program / Transition Manager Program、以下 EMP/TMP）の導入に向け、東京都として必要な取組みを検討する。詳細については第4章に譲るが、ここでは大まかな考え方について整理しておく。

EMP/TMP の導入は、本来は年金基金等のいわゆる「アセットオーナー」ないし機関投資家において超過利潤の追求のために検討すべきものではあるが、行政としては、国際金融都市化を推進するという観点から、それをどう促進するかが大きな検討課題となる。なお日本の場合は、銀行が長年金融ヒエラルキーの頂点に君臨し、利益相反の要素を孕みつつ資産運用業を大きく展開してきた歴史を考えれば、日本の TMP に関しては、一定規模以下の独立系の資産運用業者で相応の実績があるものに関しては、その設立からの年数に関わらず対象とすべきとの考え方もあり得るところだ。

EMP/TMP の導入形態には、世界的に見て大きく3つのパターンがある（図表1-8）。すなわち、米国のように各アセットオーナーが独自にプログラムを持つケース、シンガポールのように政府系ファンドが主導するケース、そして、フランスのように有力な機関投資家がファンド・オブ・ファンズを組成して取り組むケースである。

東京都としては、このうちフランスの取組みを参考に、東京都が協力して適切な運営ガバナンスを構築した上で日本の有力な機関投資家を募り、

33

図表 1-8　EMP のパターン

◆諸外国における EMP スキームの比較

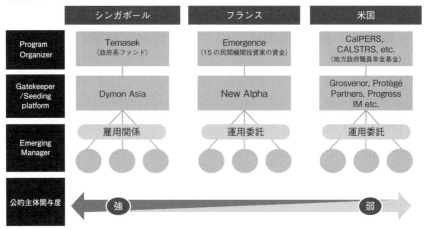

新興運用業者や小規模な独立系運用会社に対してシードマネーを投入するファンド・オブ・ファンズを組成することを検討する予定である。

また、2017 年度にも、まずは都が EMP の認知度向上を図るセミナーを開催し、国内機関投資家の EMP 導入に向けた機運を醸成していくことになる。

(5) フィンテックの育成とイノベーションハブ

① なぜフィンテックが重要か

詳細は第 5 章に譲るが、フィンテックの育成とイノベーションハブの創設は、東京がこれから世界トップクラスの国際金融都市に躍り出るために避けては通れないばかりでなく、行政として都民・国民の生活利便性や産業の活性化にも通じる重要な施策である。

フィンテックがここ 10 年間で爆発的にもてはやされるようになった背景には、金融分野以外でのソフト・ハード両面での技術革新がある。すなわち、ビットコインを生んだブロックチェーン技術の登場、AI やビッグ

データ分析技術の進展、そして 2007 年の iPhone 誕生を契機とするスマートフォン（スマホ）の普及などである。

特に、スマホの爆発的な普及により、これまで普通の金融インフラが未発達だった途上国や新興国などで、携帯上で決済等の金融サービスが受けられるようになった。

一口にフィンテックと言っても、その種類はさまざまだ。もちろん、ビットコインなどの仮想通貨もその 1 つだが、それ以外にも以下のように個人向けから大企業向けまで多種多様のサービスが提供されようとしている。

支払決済の分野では、スマホによるクレジット決済、SNS アプリを通した送金サービスなどが既に普及し始めている。

金融仲介分野では、クラウドファンディングや P2P（ピア・ツー・ピア）レンディング（個々の貸し手と借り手を直接結び付ける形で行われる与信）が米国を中心に既に市民権を得ており、日本にもその萌芽が見られる。

同じく、金融仲介分野の中でも証券投資に関しては、ビッグデータや AI を活用した投資サポート（ロボアドバイザーなど）が既に日本でも活用され始めている。

また、個人や企業向けの資産管理や会計サービスの提供も活発になってきた。これにより、銀行 API の進展次第ではあるが、国民全般の利便性が高まるばかりでなく、企業経営の効率化による生産性の向上も期待できる。

こうして見ると、フィンテックは、国民の利便性を高める反面、既存の金融機関の本業である預金・融資・決済などにおいて、そのビジネスモデルを根本から脅かす存在であると言えるだろう。

すなわち、フィンテックは、単に国際金融都市構想の実現に留まらず、都民や国民の日常生活を一変させる可能性を持つ。

35

たとえば、今の決済アプリが進化すれば、買い物の後にレジを通らなくても店を出る時に自動的に決済が終わっているインフラや、下車時に自動的に支払いも済ませる配車アプリなども考えられるし、事実、既に米国ではそれらはある程度まで実現している。

さらに、企業間の決済分野においても、銀行の対応ができるのであれば、送金指図の際に「XML（eXtensible Markup Language）電文」と呼ばれる方式を採用することにより、より詳細な EDI（Electronic Data Interchange：企業間でデータ形式を決めて受発注・納品データなどをデータ交換すること）が送れるようになれば、現在、受取企業側が手作業で行っている売掛金の消し込み作業が自動的にできるようになるほか、フィンテックを応用した受発注システムや会計システムとの連動も簡単にできる。これによって企業の経理業務が大幅に効率化され、生産性の向上が見込めるだろう。

AI を活用したフィンテックは、怪しげな取引をブロックして高齢者の詐欺被害防止に役立てることもできる。たとえば、既に車の運転が不可能と思われるほどの高齢者が突然高額なスポーツカーを買う取引などは AI がはじき出して決済を止める。また、生体認証の発達は、暗証番号の漏洩リスクを大きく減らすことになろう。

同じく AI による資産運用助言サービス（ロボアドバイザーなど）は、有人対応の場合に必要となる店舗や人員配置といった固定費がかからない。その分を販売手数料の削減に充当できれば、顧客の利便性は大きく向上する。

その資産運用の前提として、家計管理や資産把握などが必要だが、これも、銀行の API 対応次第で、ほぼフィンテックによって実現できる時代が来るだろう。

さらに、ブロックチェーン技術を応用すれば、美術品管理、農産物のト

レーサビリティを確保したり、複数の病院に通う患者のカルテを管理したりすることが容易になる。もちろん、既に述べたように、銀行の重厚長大な勘定系システムが不要になったり、証券取引所に代わる証券取引システムや、不動産の登記、契約の管理などにも応用できるようになり、これら業界のビジネスモデルを大きく変革することにもなり得るだろう。

最後に、人類全体について言えば、いわゆる「金融包摂（Financial inclusion）」がある。すなわち、これまで銀行店舗やATMなどの金融インフラが未整備だった地域においてスマホによる決済や融資が実現していくことは、途上国や新興国にとっては、国民に金融サービスを一気に普及させ、先進国に追いつくチャンスとなろう。

②　今後の課題とイノベーションハブ

このように、フィンテックは我々の暮らしを大きく変化させる可能性を秘めているのだが、人々が十分にそのメリットを享受するためには、まだいくつかの課題が残されている。

第一に、オープンイノベーションの促進だ。そのためにも、フィンテックに限らず、ベンチャービジネスを集積させる「イノベーションハブ」を東京に整備すべきである（図表1-9）。

第二に、フィンテック技術の研究開発や実験の推進だ。ブロックチェーン、分散型台帳、AI、ロボティックスなどは、金融分野だけでなく産業界で幅広く使える新技術であり、学会や業界横断的な取組みや資金の確保が重要だ。

第三に、セキュリティ対応だ。フィンテックは、銀行の口座情報はもとより、SNS上の個人情報等を含め、膨大なデータを扱うことになる。情報セキュリティのあり方やプライバシー保護の方針を確立し、「日本のフィンテックは安心」という信頼を得ることが必要だ。

図表 1-9　イノベーションハブ

・クロスインダストリー/テクノロジー集積
⇒革新的ビジネス創出に向け、業界やテクノロジーの垣根を越えた融合を可能とする集積
　例：ロンドン Level 39 他、コンセントレータは複数の重点領域を定義
・コミュニティー・マネージャー機能
⇒多様なプレーヤー間の交流を促すカスタマーサポート、高頻度のワークショップ・コミュニティーイベント
　例：ボストン CIC/Venture Café（コミュニティー作りの併設 NPO 組織）
・コンテンツ制作/メディア発信力
⇒エコシステム内情報の国内外への発信・拡散
　例：ニューヨークにおける専門メディア群

Copyright©2017 Japan Venture Capital Association all rights reserved.

　こうしたことに対する行政の取組みは極めて重要であり、東京都としても積極的に取り組んでいくことになる。

　例えば、英国では 2014 年に当時のオズボーン財務相がロンドンを Global Fintech Capital として発展させると宣言した。ロンドン東部のカナリーワーフ地区には「Level 39」というフィンテック産業の集積地が整備され、100 を超えるフィンテック企業が集結。フィンテックの業界団体は積極的に政府に情報を発信し、政府・規制当局も Regulatory Sandbox（イノベーションを促すために革新的な事業者に対して現行規制の適用を猶予する制度）を用意してフィンテック企業の育成に力を入れている。また、シンガポール通貨庁とシンガポール銀行協会が「FinTech Hackcelerator」というコンテストを実施し、優秀なフィンテック業者を表彰するスキームを用意している。

　東京都も、既に触れたフィンテック向けの税制優遇、イノベーションハブの整備、業界横断的な取組みへの支援、そして後に触れる東京金融賞な

どの取組みによってフィンテックの育成に取り組んでいくことになる。

(6) ESG の推進と東京金融賞

　東京を国際金融都市にするというと、都民や国民の中には、まるでカネの盲者が跋扈する東京を作るようなイメージを持つ向きがいるかもしれない。しかし、小池都知事がこれを推進する背景には、金融を通した東京都の社会的諸問題の解決がある。

　2008 年のリーマンショックでは、実際にはリスクの高い商品をそうでないように誤認させて販売するなどして巨利を得ていた金融機関や、高利を求める投資家の姿勢が「グリード（強欲）」との批判を浴びた。それから約 10 年、当局による規制が強化されると同時に、金融機関や投資家の側にも社会的責任を意識した投融資を行おうという姿勢が強まっている。米国のトランプ政権は米国の金融規制をやや緩和する方向と見られるが、逆に金融庁は本節（10）で述べるとおり、平成 28 事務年度の「金融行政方針」の中で、「顧客本位の業務運営を行うべきとの原則」（フィデューシャリー・デューティー）を一層重視している。日本でも社会的責任を自覚した投資や融資が求められる時代になったと言えよう。

　資産運用業者は、フィデューシャリー・デューティー、すなわち投資家に対する受託者責任に基づいて投資家利益を極大化するよう努める責務がある。また、銀行が融資を行う際には、資金調達元である預金者や社債権者、そして株主の利益を考える必要があることは言うまでもない。

　しかし、各運用会社や銀行がその目的に沿って適切に投融資を行ったとしても、それが「合成の誤謬（ごびゅう）」を引き起こし、社会の安定や発展を阻害してしまい、長い目で見ると投融資のリターンを引き下げてしまうこともある。「合成の誤謬」とは、経済学でよく用いられる用語で、「一人ひとりが正しいとされる行動をとったとしても、全員が同じ行動を実行

したことにより想定と逆に思わぬ悪い結果を招いてしまう現象」のことだ。

たとえば、高収益で財務基盤も強い企業は、銀行の審査の目線では優良な融資先であろうが、仮にその企業の高収益性が、後進国における人身取引、強制労働、性的搾取など一種の奴隷制度によって成り立っているとすると、そういう企業を融資で支援することは、長い目で見ると世界の人々の格差を拡大し、世界経済や社会の不安定度を増し、結果的に銀行の安定的な収益機会を奪ってしまう可能性がある。英国では、2015年3月に、現代の奴隷制を防止する法律である「Modern Slavery Act 2015（現代奴隷法）」が制定されており、日本でもいわゆる「ブラック企業」が問題になっている折から、銀行や運用会社は、企業の目先の財務状態だけで判断するのではなく、その企業のサプライチェーン全体を見渡して社会的に適切な投融資であるかを判断する必要に迫られている。

一方、社会問題を防止するためという観点ではなく、より積極的に社会に貢献する中で収益機会を見出す例もある。途上国の貧しい人々に小口無担保融資を提供するグラミン銀行を設立したバングラデシュのムハマド・ユヌスは、ノーベル平和賞を受賞している。現代風に言えば、フィンテックの一分野であるP2Pレンディングは、まさに小口無担保融資を実現するものであり、この分野へのベンチャーキャピタルによる投資は社会問題の解決に大きく役立つだろう。

また、年金の投資行動も長期的な社会経済の発展に貢献し得る。たとえば、年金の運用者が企業との建設的な対話を深め、経営者にコーポレートガバナンス・コードの遵守を迫ることにより、投資家と経営者の間に健全な緊張関係が保たれ、日本企業全体に対する世界的な信頼感が醸成されると共に、ROEの向上など長期的な企業の収益力にも良い影響を与えるだろう。

このように、社会的責任を自覚した投融資が行われることは、社会全体

を変える大きな力になる。社会的責任を自覚した民間の投融資は、都や政府が、たとえばブラック企業の撲滅とか、不祥事防止などのための法規制を持ち込むよりも、実は直接的に社会問題を解決する有用な手段になり得るのである。

実際、現在は、投資家や銀行の意識はさらに進化し、「ESG」、すなわち、Environment（環境）、Social（社会）、Governance（コーポレートガバナンス）を重視した投融資を目指しつつあり、企業行動にも影響を与えつつある。

小池都知事は、本プロジェクトの大義をここに求めていると言えるだろう。その象徴となるのがESGの推進に貢献した金融事業者等を表彰する「東京金融賞（仮称)」の制定だ。

また、小池都知事のイニシアティブの下、2017年中に、総額200億円規模の「東京グリーンボンド」を発行するとともに、今後、国内金融機関等によるグリーンファンドの組成やグリーンボンドの発行を促進するための取組みについて検討することになっている。

ESG投資の重要性が叫ばれて久しいが、大都市でESG投資を推進し、いわばESG先進都市を実現しようというのは東京都が初めてのケースになるだろう。本件についての詳細は第6章で触れる。

（7）東京市場のプロモーション

日本には、全銀協（全国銀行協会）・日証協（日本証券業協会）といった業界団体はあるが、オールジャパンとして東京市場を海外に売り込んでいくプロモーション組織がない。そして中央官庁にも、金融事業者の規制監督をする金融庁はあるが、金融産業のプロモーションを担う機能はない。したがって、東京都がその役割を担うべく、業界横断的なプロモーション組織の組成を後押しし、さらに東京版のロードメイヤーを設置して官民一

体となって東京市場を海外に売り込むことが提言されている。この点については、2017 年 7 月に開催された第 6 回の「懇談会」で、業界団体横断的な体制を構築し、東京都が金融庁や JETRO と共にこれをサポートしていくべきとの提言がなされ、その場において、全銀協・日証協をはじめとする各業界団体のトップもこれを確認している（図表 1-10）。もっとも、それら関係者の正式な意思決定はこれからの段階である。

そこで、2017 年 10 月に開催された第 8 回「懇談会」において、小池都知事は、「東京都としての持続的取組みの決意を示したい」と表明した（図表 1-11）。

当該プロモーション組織の役割は多岐にわたる。想定されている役割は、概ね以下のとおりである（図表 1-12）。

① マーケティング：東京市場に関する情報発信、海外金融業者に対する東京市場の売込み、内外からの質問の受付窓口
② 検証：金融サービスの各種プロモーション活動が、政府・都民を含む多様な関係者の期待に合致しているかを確認
③ 促進：適切なビジネス環境の整備
④ インキュベーション：新しい金融商品や事業の育成を促すエコシステムを構築
⑤ 提言・主張（アドボカシー）：東京市場における金融ビジネス環境改善のための規制改革等について東京都、及び、金融庁ほかの政府機関に働きかけ

これら機能の詳細や、当該プロモーション組織のガバナンスのあり方などについては、実際にこれが立ち上がるタイミングで関係団体と協議の上で決定されていくこととなろう。

また、当該プロモーション組織は、類似した英国の TheCityUK の例に倣えば、東京市場の広汎にわたる関係者、たとえば金融関係の弁護士・会

42

第 1 章 「国際金融都市・東京」構想の全体像

図表 1-10　プロモーション組織

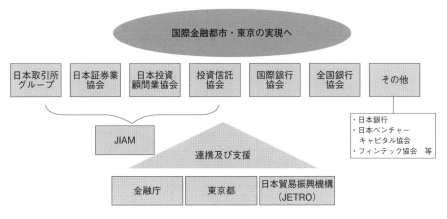

図表 1-11　プロモーション組織の具体案

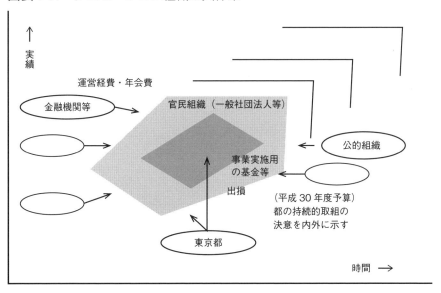

図表 1-12　プロモーション組織の役割

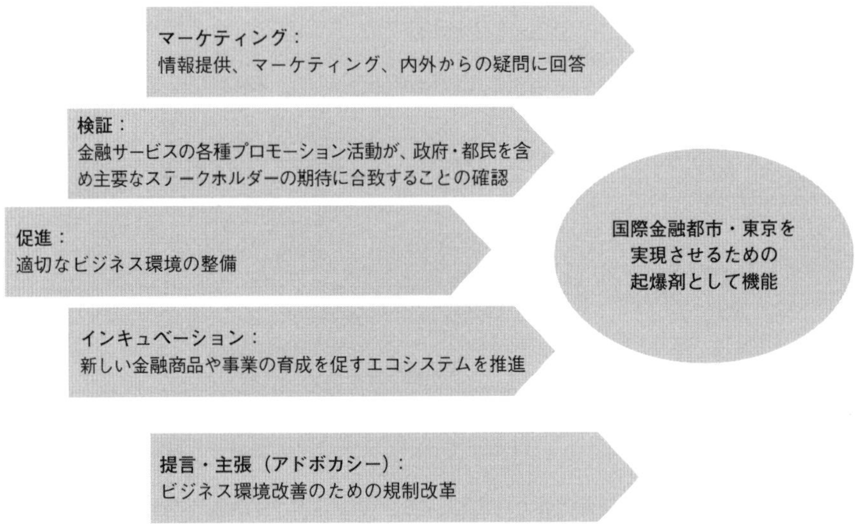

マーケティング：
情報提供、マーケティング、内外からの疑問に回答

検証：
金融サービスの各種プロモーション活動が、政府・都民を含め主要なステークホルダーの期待に合致することの確認

促進：
適切なビジネス環境の整備

インキュベーション：
新しい金融商品や事業の育成を促すエコシステムを推進

提言・主張（アドボカシー）：
ビジネス環境改善のための規制改革

国際金融都市・東京を実現させるための起爆剤として機能

計士・バックオフィス業者など多様な会員を個人・法人を問わず招聘し、内外の幅広い視点から東京のビジネス環境を改善し、それをプロモーションしていくことが期待される。

（8）教育の充実

　教育の充実という場合、大きく2つの意味がある。1つは高度金融専門人材を育成すること、もう1つは都民・国民の金融リテラシーを向上させることである。

①　高度金融専門人材等の育成

　高度金融専門人材等の育成によりイノベーションを促進するために、首都大学東京大学院ビジネススクールにおける高度金融専門人材養成プログラムの見直しなどを行うこととされている。この点において、今般の取り纏めと同時並行で行われた英国・シティ・オブ・ロンドンと東京都との

MOU（覚書）において教育分野での連携が謳われており、近い将来において英国の大学等の講座を首都大学で実現する可能性も検討されるだろう。

② 金融教育等の充実

若年期を含めた一般都民向けの金融教育は、様々な主体が中長期的に継続して実施していく必要があり、金融庁や業界団体の取組みを支援するとともに、これらの機関等と連携した金融セミナーを開催していくこととされている。

また、少額からの長期・積立・分散投資の促進を図るため、2018 年 1 月から開始される「積立 NISA」について、金融庁と連携を図りながら、普及・定着に向けた取組みを検討する方針である。

（9）海外金融系企業の誘致促進

他都市の金融センターと比較した東京市場に求めるニーズとして、海外金融系企業からは、優遇税制、英語対応を含めた行政手続の利便性、医療、教育などの生活環境の整備等があげられている。世界銀行が毎年発表するビジネスのしやすさランキングの最新版「ビジネス環境の現状 2017」においても、我が国のビジネス環境に関する順位は、他の先進国と比べて、必ずしも良いものとは言えない。「海外金融系企業の誘致促進等に関する検討会」（「検討会」）では、海外の資産運用業やフィンテックなどの企業誘致、手続ワンストップ支援、特区を活用した生活環境支援などについて、都、金融庁及び民間事業者等の実務担当者の間で、2017 年度から着手が可能な当面の対応を検討し、2016 年 12 月に「海外金融系企業の誘致促進等に向けた当面の対応」を取り纏めた。その内容は概ね以下のとおりである。

① 税負担軽減に向けた見直し

　既に本節（3）で触れたように、資産運用業及びフィンテック企業の新規参入促進や育成のため、都税である法人二税の軽減について検討するとともに、国に対して、法人税の軽減（国家戦略特区制度における優遇税制の活用等）や相続税の見直しなどについて働きかけを行う。

② 金融系行政手続の相談体制及び英語化対応の強化

イ．国との連携による金融手続の迅速化

　2017 年 4 月に丸の内に開設した「金融ワンストップ支援サービス」について、金融庁の「金融業の拠点開設サポートデスク」との連携のもと、海外金融系企業の日本進出に際しての行政手続や生活環境などの悩みや課題の解決を一体的に支援する。

　特に、都による誘致関係のインセンティブが付与された企業や、GPIFなどとの取引を求めて確実に東京に拠点を置くことが見込まれる資産運用業者など、確実に都内に拠点を置くことが見込まれる海外金融系企業を対象に、金融庁と連携しつつ、金融業の登録申請等をスムーズに進める「ファストエントリー」を実現していく。これにより、2017 年 11 月現在、すでに英米よりフィンテック系企業 3 社が選出を決定している。

ロ．金融ライセンス登録手続に関する英語解説書の整備

　金融ライセンス登録の手続等について、金融庁監修のもと英語解説書を整備する。日本の金融関係法令・規則、金融商品取引業者としての登録申請手続等を、過去の実績や事例等も紹介しながら分かりやすく解説する。この解説書は 2017 年 9 月に完成し、既に公開されている。

ハ．英語申請等東京開業ワンストップセンターの利便性向上

　東京開業ワンストップセンターについて、2017 年 7 月にサテライトセンターを丸の内の「TOKYO 創業ステーション」内に設置するとともに、

2017 年中にセンター内の税手続の英語申請を開始する。

③ 金融系外国人材が安心して活躍できる生活環境整備

イ．特区を活用した職住近接化プロジェクト等の推進

　東京駅周辺、虎ノ門地区等において、外国人向け医療・教育施設等が備わった質の高い職住近接のまちづくりを推進するため、特区外国人医師特例等による初診体制の整備、特区都市計画法特例によるインターナショナルスクール、サービスアパートメント等のスピーディーな整備等に取り組む。

　今後、これらのプロジェクトのさらなる推進に資する制度の見直しに加え、海外留学生に対する生活支援策についても併せて検討する。

ロ．高度金融人材等による家事使用人利用の促進

　高度金融人材等のニーズに適った家事使用人利用の促進を図る観点から、次の取組みを行う。

① 特区による高度金融人材の家事使用人や親の帯同要件のさらなる規制緩和について、2017 年中の実現に向けた国への働きかけ

② 高度金融人材等を対象としたセミナーの 2017 年中の開催などによる特区外国人材家事支援特例の利用促進

④ インセンティブ、規制緩和等による外資系企業誘致の促進

　東京都としては、2017 年度〜 2020 年度の 4 年間で資産運用業・フィンテック系の外国企業 40 社を誘致する目標を立てており、これを達成するため、

① 2017 年度から誘致企業に対する市場調査、ビジネスプラン策定等に関する無償コンサルティング、専門家相談・人材採用経費等の補助の実施

② 誘致企業の高度金融人材への高度人材ポイントの特別加算につい
　て、速やかな実現の国への働きかけ
③ 都が実施するフィンテック分野等における「アクセラレータプログ
　ラム」参加者への創業活動を行うための在留資格特例について2017
　年中の実現の国への働きかけ

等のインセンティブ、特区規制緩和等に取り組むこととしている。

さらに、2017年5月から、ロンドン、パリ、サンフランシスコに設置
した、大使館、商工会議所等の「海外ハブ組織」との連携窓口「Access
to Tokyo」を活用し、有望な企業の情報を様々なルートから収集し、ス
ピーディーな誘致活動につなげている。

（10）投資家本位の国際金融都市の構築

金融庁は、2016年10月に公表した「金融行政方針」の中で、フィデュー
シャリー・デューティーを「顧客本位の業務運営を行うべきとの原則」と
して金融機関に徹底を求めた。

中でも、最近特に注目されているのが、金融庁が金融機関に対して、投
資信託や保険販売に係る手数料とリスクの開示を強く求めていることだろ
う。

フィデューシャリー・デューティーは、日本においては、今のところ、
こうした金融庁の方針が注目されているに過ぎない。しかし、フィデュー
シャリー・デューティーはより根本的なところにその重要性がある。

東京が国際金融市場たるには、資産運用業者の育成や誘致が必要だ。そ
のための条件の1つとして、東京では「投資家の利益が第一」というポリ
シーが徹底されていることを明確にして、東京に世界から資金や人材が集
積するようにすべきである。そのためには、東京の規制や監督が、受託者
責任に重きをおいてなされることが大事だろう。投資家に対する忠実義

第1章 「国際金融都市・東京」構想の全体像 ▼

務、善管注意義務が果たされ、投資家の利益が第一に守られる市場でなければ、東京に資金は集まらず、国際金融市場にもなり得ないのである。

(11) さらなる課題

　以上のように「国際金融都市・東京」構想は、これまでにない画期的な提言を多数含み、しかもほとんどが実現に向けて具体的なアクションに至っていると言えるが、今回の検討過程では踏み込み切れていない課題も存在する。既存金融機関にとっては既得権益に該当する部分もあり、難しいが、東京を国際金融センターにするという長期的な視点に立ってさらに検討を深めるべきである。

①　アジアの金融ハブになるために必要となるさらなるインフラ整備

　冒頭で述べたとおり、東京市場の魅力を高めていくためには、地理的に近く今後も高成長が見込まれるアジアと一体となって成長していく視点、すなわちアジアの金融ハブとなるための施策が不可欠であり、そのためには市場インフラを更に整備する必要がある。

　たとえば、「東京市場の多通貨化」に向けた検討（外貨建て証券決済の仕組み、人民元クリアリングバンク（決済銀行）の設置等）、円の国際化を視野に入れた日本国債のグローバル化、アジア債券市場の育成に向けた官民連携、イスラム金融への取組み、ARFP（Asian Regional Funds Passport：アジア地域金融パスポート）により投資信託を内外無差別で販売するために必要な諸施策などがあげられる。

　また、近年は日本のみならずアジア各国でも金融資産が蓄積されつつあることに鑑み、邦銀の活動もただ日本の金融資産をアジアに仲介するという観点ではなく、アジアに根付いた商業銀行であることが求められよう。

49

② 利益相反問題

「投資家本位の国際金融都市の構築」についての対応は本節（10）で既に触れたとおりであるが、日本独特の業界慣行に根差す利益相反問題については、なおも今後の対応が待たれるところである。

たとえば、日本独特の信託銀行のあり方について議論が必要になろう。信託銀行は、年金基金等、機関投資家から受託をした場合に、系列の運用子会社に指図をして双方から報酬を得つつ、ファンド・アドミニストレーションやカストディ業務などバックオフィス業務も実質的に運用子会社と同一のシステムを使うことがある。それが委託者の利益に沿っていないばかりでなく、世界的に著名な信託業者が排除されている原因にもなっている可能性はないだろうか。あくまでも機関投資家が運用機関を選定し、純粋にバックオフィス業務を信託機能が担う仕組みにすることで、利益相反の排除と運用業務の国際化が進められるのではないか。さらに、日本の信託銀行は、バンキング部門を持つことが多い。本来、委託者である年金基金等、機関投資家の利益に忠実に議決権を行使すべきところ、バンキング部門のリレーションシップが議決権行使行動に影響している可能性は、最近になってようやく指摘されつつある。

また、日本の場合、商業銀行がエクイティ保有を通じて利益相反を招いているケースが散見される。日本では、一定の条件下で銀行ないし銀行が運営するPE・VC（プライベート・エクイティ・ファンド、ベンチャーキャピタルなど、主として未公開の成熟企業ないし新興企業に株式を投資するファンド）が一般事業会社の株式保有制限を超えて株式を取得することが許容されているほか、資本関係や人的関係を通して実質的に銀行が影響力を持つPE・VCが一般事業会社の株式を保有することなどにより、当該PE・VCにおいて債権保全を旨とする銀行の都合と、投資家に対する忠実義務が相反し、深刻な利益相反状況を引き起こしている可能性はないだろう

か。

　日本では、メガバンクの銀行持ち株会社傘下に商業銀行・信託銀行・証券会社・資産運用業者が集まっている。この場合、顧客情報がオプトアウト方式で共有されてしまい、ローンパワーで様々なことが決定されるおそれがあり、顧客利益に沿わない可能性はないだろうか。また、販売する投資信託等について、自分の傘下の投信投資顧問会社を使い、自分の傘下の信託銀行に受託させることによる顧客との利益相反のおそれはないだろうか。

　本節（10）で述べたフィデューシャリー・デューティーについて、金融庁が金融機関に対して、投資信託や保険販売に係る手数料とリスクの開示を強く求めている背景にも利益相反問題がある。当時の金融庁資料によれば、日米の一定規模以上の投資信託について、その手数料を比較したところ、日本の場合、投資信託を購入する顧客が投資1年目に支払う手数料は販売手数料と信託報酬の合計で4.73%、その後も毎年1.53%もの信託報酬を支払うことになる。それと比べ、米国の場合は1年目の合計で0.87%、2年目以降0.28%に留まる。そして収益率（年率）において日本はマイナスに沈んでいる。仮に日本の手数料体系が米国並みであったとすれば、日本の顧客は、米国並みとはいかないまでも、それなりの投資収益を得られたはずであり、なぜそうなっていないかと言えば、それは金融機関に顧客から高い手数料が支払われているために他ならない。日本の手数料が高い原因は、銀行や証券会社が、こぞって自分の子会社が設定する商品や、あるいは自社専用ファンドを売りたがるため、1本あたりの投資信託の規模が小さく、人件費等の固定費が回収できないからだ。すなわち、顧客は銀行や証券会社の人件費や物件費を払うために投資信託購入の勧誘を受け、損失を被っているようなものではないのか。投資信託の販売をする銀行や証券会社は、本来は顧客の利益にとってベストの商品を提供する義務を

負っている。それがまさにフィデューシャリー・デューティーであるのに、それを考えることなく、自分の子会社が組成する、確たる実績もない投資信託を販売することは利益相反であり、本来許されることではない。

こうした利益相反の土壌があると、外資系金融機関にとっては大きな参入障壁になるものと思われ、東京都のみならず関係各省庁と連携して改善策を考えていく必要がある。

③　資産運用業及びミドル・バックオフィス機能の国際化を阻む要因の解消

日本においては、NAV（時価評価）計算に係る計理基準など日本独自の基準が存在し、グローバル標準のシステムや要員が使えないと言われる。

たとえば、日本では委託者と受託者双方がNAVを計算する必要がある。このNAVの二重計算は法規制で定められているのではなく、単なる商慣習である。NAVの突合そのものは悪ではないが、以下のような弊害が発生している。

①　1円まで合わせる突合に膨大な労力とコストがかかり、投資家の最終的な利益を圧迫する。

②　資産運用事業者もバックオフィスも特定のシステムを使用しないとNAVが合わないので、特定のシステムによる寡占状況となる。

こうした弊害を是正するためにも、NAVの突合に際しては、欧米のように数％程度の誤差の許容を推進すべきではないだろうか。

また、1,100頁を超える協会自主ルールやシステム仕様などは全てが日本語であり、海外の運用業者やその関連業者の参入を困難にしている。

こうした日本独特の、いわば「ガラパゴス化」した業界慣行を変えていく努力をすることにより、東京市場の国際化がさらに進むものと期待される。

④ 国との連携が必要な課題の存在

最後に、今回の「国際金融都市・東京」構想は、東京国際金融市場プロモーションの観点から東京都が主体となって取り纏めたものではあるものの、当然のことながら施策のすべてが東京都だけで実行できるものではない。特に規制や税制の抜本的な見直しに際しては、東京都というよりはむしろ国が主体的に取り組まなければ実現不可能な課題も多い。

その役割分担を例示したのが図表1-13である。幸い、今回の構想構築にあたっては金融庁とも密接に連携しながら進めてきたので、たとえば金融業の登録申請等をスムーズに進める「ファストエントリー」や、金融ライセンス登録手続に関する英語解説書の整備等、既に順調に進捗しつつある施策もある。その一方で、一定規模以下の資産運用業やフィンテックに対する法人税の抜本見直しなどは、恒久措置として実施することについて

図表1-13　施策の推進主体

区分	施策案	施策の推進主体	
		主担当	主担当と連携して施策を推進すべき役割
A) 成長を底支えするインフラの整備	A-1）税負担軽減に向けた見直し	東京都・国	—
	A-2）行政手続きの英語対応や相談体制整備	東京都・国	—
	A-3）高度外国人材生活環境の向上	東京都・民間	国
B) 金融サービス・資産運用プレーヤーの誘致・育成	B-1）官民一体となった海外プロモーション活動等による海外金融系企業の誘致	東京都・民間	国
	B-2）東京金融賞の創設	東京都	民間
	B-3）資産運用業者の育成（EMP等）	東京都・民間	国
	B-4）高度金融専門人材等の育成	東京都	国・民間
C) 成長分野への投資促進	C-1）フィンテックなど革新的なビジネスの開発促進	東京都・民間	—
	C-2）イノベーション活性化に向けた環境づくり（エコシステム、レギュラトリー・サンドボックスなど）	東京都・国	民間
D) 国民（都民）・投資家の啓発	D-1）金融教育等の充実	国	東京都・民間
	D-2）フィデューシャリー・デューティーやコーポレートガバナンス・コードの徹底、ESG投資の推進	国	東京都・民間

必ずしも財務省と一枚岩にはなり切れていない。その他、イノベーションハブや金融機能の集積などインフラ面の施策は国土交通省が、事業再生ファンドやベンチャーキャピタル育成などの施策は経済産業省が、その他特区での規制緩和については内閣府が主に担当するなど、関係官庁も非常に多岐にわたる。

幸い、2016年10月、東京都と内閣府の合意により、「東京特区推進共同事務局」が都庁に設置されている。この共同事務局は、2016年9月9日の「国家戦略特区諮問会議」において、就任直後の小池都知事から安倍総理に設置を提案し、それ以降、都と国の協議が急ピッチで進められて実現したものである。その主要テーマの1つとして、待機児童問題等と並んで「国際金融都市・東京」構想があげられている。

小池都知事は2017年9月、国政政党「希望の党」の立ち上げを宣言し、それが都政を推進する上でも重要であるとの認識を示しているが、どういう形であれ、強い政治的なリーダーシップの下、都政と国政が切れ目なく連携することこそ、「国際金融都市・東京」構想実現の鍵を握ると言っても過言ではあるまい。ちなみに、希望の党は、主要公約の1つとして「国際金融都市・東京」構想の実現を挙げている。今後の動きが注目されるところである。

第2章

海外金融系企業の誘致促進

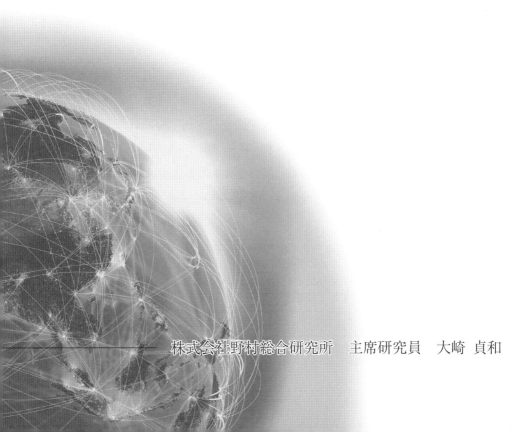

株式会社野村総合研究所　主席研究員　大崎　貞和

海外金融系企業誘致の方向性[注1]

(1) 金融都市・東京の国際化の現状

「国際金融センター」、あるいは「国際金融都市」という言葉からイメージされるのは、日本国内の金融機関はもとより、世界各国から進出してきた金融関連企業がこぞってオフィスを構え、そこでは日本人だけでなく、国籍や人種、文化的背景の異なる多様な人々が共に仕事に勤しむといった姿であろう。

既に日本の金融資本市場は、かなりの程度まで国際化が進んでいる。東京証券取引所(以下「東証」)の上場株式の約3割は外国人投資家が保有しており、日々の売買では7割以上のシェアを占めるなど、大きな存在感を示している。また、銀行、証券会社、投資運用会社、保険会社など金融に関わる様々な業態において、多数の外資系金融機関が活発な業務展開を進めている[注2]。

1980年代には東証の会員権開放問題が日米円ドル委員会で取り上げられるなど、日本市場の閉鎖的な体質が欧米諸国から批判された。しかし、現在では当時問題視されたような、海外金融系企業による日本市場でのビジネス展開を明らかに阻害する仕組みや慣行が顕著に存在するわけではない。

(注1) 筆者は、本文でも述べる「海外金融系企業の誘致促進等に関する検討会」の座長として2016年12月に公表された「当面の対応」の取りまとめに関与したが、本稿の記述のうち意見にわたる部分は、全て筆者の個人的見解であり、東京都や検討会を代表するものではない。

(注2) 最近では、海外金融機関の在日支店という形態ではなく、日本国内に子会社を設立して進出するケースが増加しているため、外資系金融機関の正確な数を集計することはそれほど容易ではない。

第 2 章　海外金融系企業の誘致促進 ▼

図表 2-1　GFCI の上位 10 金融センター
(2017 年 9 月時点)

順位	都市名	得点 (1,000 点満点)
1	ロンドン	780
2	ニューヨーク	756
3	香港	744
4	シンガポール	742
5	東京	725
6	上海	711
7	トロント	710
8	シドニー	707
9	チューリヒ	704
10	北京	703

出所：Z/Yen Group プレスリリース資料

　とはいえ、現在の東京の姿が、冒頭で述べたような国際金融センターの
イメージそのままの都市となっているのかと言えば、そのように実感して
いる人は決して多くないだろう。実際、金融界の人々を対象とするアンケー
ト調査など各種調査の結果からも、東京がニューヨークやロンドンと並ぶ世
界を代表する国際金融センターとなっているという印象は得られない。

　たとえば、英国の調査機関がグローバルに業務を展開する金融機関の役
職員等を対象に行ったアンケート調査などから作成・公表している世界主
要都市の金融センターとしての競争力を示す世界金融センター指数
(GFCI) によれば、2017 年 9 月時点の評価は、1 位がロンドン、2 位がニュー
ヨーク、3 位香港、4 位シンガポールとなっており、東京はそれに次ぐ 5
位である（図表 2-1[注3]）。確かに、調査対象とされた世界 92 都市の中の 5
位という位置付け自体は決して低くない。しかし、東京が同じアジア地域
に所在する金融センターである香港、シンガポールの後塵を拝しているこ

（注 3）http://www.longfinance.net/images/gfci/Press_Release_GFCI22.pdf

とは無視できないだろう。東京が、米国を代表するニューヨーク、欧州を代表するロンドンと肩を並べる国際金融センターとして位置づけられているとは到底言えないだろう。現状では、東京の国際金融センターとしての一層の地位向上が求められているのである。

（2）国際金融センター機能強化へ向けた検討

東京の国際金融センター機能を強化しようとする構想やその具体化のための取組みは、バブル経済崩壊以後、何度も提起されてきた。古くは、1996年に打ち出された政府の「日本版ビッグバン構想」が、「フリー、フェア、グローバル」を旗印に掲げ、東京市場が「ニューヨーク、ロンドン並みの国際金融市場となって再生する」ことを目標とした[注4]。

この構想は、1998年成立の金融システム改革法による大幅な制度改革という成果をもたらしたものの、国内の主要銀行の不良債権問題が当初の想定を超えて深刻化したことや1998年以降、構想の推進主体であった大蔵省（当時）を舞台とした接待汚職事件が明るみに出たことなどもあり、東京の国際金融センターとしての地位が十分高まったとは言えないまま、当初の目標年度とされていた2001年を迎えることとなった。

その後2007年には、当時の金融担当大臣が「世界各国の金融機関に日本市場を活用してもらう本当の意味でのビッグバンはこれから」だとして「東京金融特区構想」を打ち出したが、ただちに具体的な成果には結び付かなかった。

近年では、2014年以降、東京都が民間事業者との意見交換を通じて国際金融センター化の推進を図るために東京国際金融センター検討タスク

（注4）ここで「再生」という言葉が用いられたのは、バブル経済絶頂期の1988年には東証の株式時価総額、売買代金が、ともにニューヨーク証券取引所を上回って世界最大の株式市場となっていたという事実を踏まえてのことである。

フォース会議を設置し、課題解決に向けた施策の内容を明らかにするとともに、中央省庁や日本銀行、経済団体などとの連携強化の場として東京国際金融センター推進会議を開催するといった取組みを進めてきた。

こうした検討で焦点が当てられることが多いのは、もっぱら法令や取引所等の自主規制ルールによる規制、税制、市場の取引慣行といった制度的側面である。国際金融センターとしての機能強化を図る上で、制度的側面における見直しと改革を進めていくことの意義の大きさは改めて述べるまでもないが、仕組みを変えるだけで目的が達せられるわけではないのも事実である。実際に東京、日本という物理的な場所で、金融ビジネスを展開する国際的なプレーヤーが増加しなければ、制度だけがいくら整備されても、真の国際金融センターにはなり得ない。

そこで今回の「国際金融都市・東京」の実現へ向けた取組みにおいては、法令や税制など制度面の構造的な課題の洗出しと並行して、海外金融系企業の誘致活動の展開や誘致促進に資する環境整備などの検討が進められることとなった[注5]。2016年11月、東京都、金融庁、民間事業者等によって構成される「海外金融系企業の誘致促進等に関する検討会」が設置され、早期に取り組むべき施策についての検討が行われることとなったのである。

(3) 誘致対象とする2つの分野

海外金融系企業を日本へ、東京へ誘致するといっても、ただやみくもに声をかけて回ればいいというものではあるまい。金融と一口に言っても

（注5）2016年6月に策定された政府の経済成長戦略「日本再興戦略2016」では、東京国際金融センター構想推進のために東京都、金融庁、民間事業者が連携して検討会を設置し、構想推進に資する施策について、当面の対応を2016年中に取りまとめることがうたわれた。

様々な業態がある。日本国内の金融ニーズや市場環境などから実際の進出に結び付きやすいと考えられるターゲット分野を特定し、その特性に合わせた誘致活動や環境整備を進めなければ、大きな成果は得られにくいだろう。

そこで今回の検討にあたっては、誘致に力を入れる分野を資産運用業と金融とIT（情報技術）を融合させた新たなサービスを提供するいわゆるフィンテック（FinTech）の2つに絞ることとなった。

資産運用業が海外企業の誘致のターゲット分野とされるのは、国民の安定的な資産形成を促すためにも、1,800兆円に上る日本の個人金融資産の過半がほとんどリターンを生まない現預金にとどまっているという現状を打開し、リスクを伴う投資への資金シフトを起こすという社会的要請があるからである。そのためには、高度なノウハウを有する資産運用業者が日本市場に進出し、新たな金融商品、サービスを提供することが望まれる。また、資産運用業の高度化、多様化は、成長産業へのリスクマネー供給を促進することにもつながるものと期待される。

もう1つのフィンテックについては、欧米、とりわけ米国の西海岸での展開が先行しており、日本は相対的に出遅れているとも言える。金融の技術革新（イノベーション）を進めるためには、様々なフィンテック企業が国内で活動することが求められるのである。

これら2つの分野については、進出を検討する海外企業の側から見ても、日本、東京が一定程度魅力的な場となり得るという点も重要である。誘致する側のニーズがあったとしても、進出を考える側の立場に身を置けば、潜在的な進出先である世界各国、各地の中から日本、東京をあえて選択する理由がなければならないからである。

その点で、資産運用業については、日本の個人金融資産1,800兆円の過半が現預金にとどまっているという事実は海外企業への重要な動機付け材

料となる。また、日本の公的年金積立金を運用する年金積立金管理運用独立行政法人（GPIF）は、運用資産額149.1兆円（2017年6月末現在）という世界最大級の年金基金である。その膨大な資産の一部の運用委託を受けられるかもしれないという事実も資産運用業者の日本進出の有力な動機となるだろう。

他方、フィンテックについても、日本におけるサービスの導入が相対的に遅れているという事実が、海外企業にとってのビジネス・チャンスとして受け止められる可能性がある。

東京都は、こうした考え方に基づき、資産運用業とフィンテックの2つの分野について、潜在的な進出企業となる海外企業へのヒアリングなどを行って企業側のニーズや進出を阻害する問題点などを明らかにした上で、誘致促進のために必要な施策を取りまとめることとしたのである。これらの内容は、2016年12月、「海外企業系企業の誘致促進等に向けた当面の対応」（以下「当面の対応」）として策定・公表されることとなった。

海外金融系企業の発掘・誘致

（1）東京都による発掘・誘致活動

「当面の対応」は、まず2020年度までの4年間で40社以上を誘致するという目標を掲げながら、東京都が資産運用業及びフィンテック企業の発掘・誘致活動に取り組むこととしている。この数値目標は、2008年9月のいわゆるリーマン・ショック以前には海外金融系企業の進出が年間10社程度あったという実績を踏まえて設定された。リーマン・ショックを受けた世界的な景気後退やその後の2011年3月に発生した東日本大震災などの影響を受けて、ここ数年の進出実績は年間10社に達していない。

この数値目標を達成するための具体的な施策が3つ掲げられている。

第一は、日本市場への進出を検討する海外金融系企業に対して、市場調査やビジネスプラン策定の支援などを無償で行う無償コンサルティング・サービスである。進出候補企業と国内機関投資家とのマッチング機会の創出や金融庁への登録申請に向けた支援も行う。

第二は、この無償コンサルティング・サービスを受けて実際に日本進出を決定した企業に対して、国内拠点設立までに必要な法務・税務等に関する専門家への相談費用や人材採用経費を補助する金融系外国企業拠点設立補助金の創設である。

第三は、金融ワンストップ支援サービス事業である。現在、東京の丸の内に設置されているビジネスコンシェルジュ東京に金融行政、金融業界に精通した相談員を新たに配置し、金融庁への登録申請など、進出企業のニーズに応じた相談の受付、助言、弁護士や会計士といった外部専門家への取次を行うことが想定されている。

ビジネスコンシェルジュ東京は、2012年10月に開設された外国企業の進出と事業活動をサポートする窓口で、英語の堪能なスタッフが常駐し、日本の商慣習等ビジネス全般にわたる相談や問い合わせに対応したり、法人設立から販路開拓まで必要な諸手続の支援やコンサルティング・サービスを提供したりするといった業務を行ってきた[注6]。この仕組みを金融庁内に設けられる登録申請等の法律上の問題等に関する相談窓口と結び付け、海外の資産運用業者やフィンテック企業の進出を促進しようというのである。

(2) その他の施策

このほか東京都は、先端技術や優れたビジネスモデルを有する外国企業

(注6) http://www.seisakukikaku.metro.tokyo.jp/bdc_tokyo/japanese/top

第 2 章　海外金融系企業の誘致促進

図表 2-2　アクセラレータプログラムの全体像

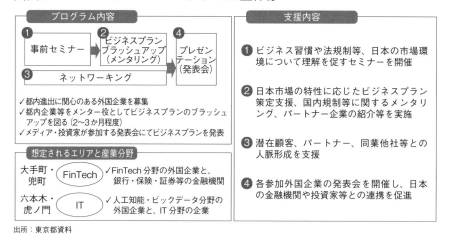

出所：東京都資料

と国内企業との交流を図り、外国企業の誘致につなげるとともに、都内企業の生産性の向上に寄与することを狙いとするアクセラレータプログラム（起業加速支援プロフラム）を 2017 年度から開始することとした（図表 2-2）。

これは東京都内への進出に関心のあるフィンテック分野などの外国企業を募集し、都内の企業等をメンター役としてビジネスプランを作成し、メディア関係者や投資家が参加する発表会でビジネスプランを発表してもらうというものである。

これを受けて 2017 年 6 月から「フィンテックビジネスキャンプ東京」と銘打って参加企業を募集したところ 16 カ国、52 企業からの応募があり、最終的にカナダ、米国、香港、シンガポール、ロシア、タイ、フランスの 7 カ国、8 社が参加企業として選定された。これらの企業に対しては、国内の銀行、保険会社など協力金融機関がメンター役となって、ビジネスプランの内容のブラッシュアップを支援する。

選定された企業は、身体に装着できる小型コンピュータであるウェアラ

図表 2-3 「フィンテックビジネスキャンプ東京」の参加企業

企業名	国・地域	主なサービス概要
Autonomous_ID Canada Inc. (オートノマス・ID・カナダ)	カナダ	ウェアラブルデバイスから得られる情報を人工知能で分析し、人の安全や健康に貢献するサービス
BCL Technologies (BCLテクノロジーズ)	アメリカ	PDF や HTML など、様々な形式で提供されている金融情報等をほぼリアルタイムで自動データ化し、そのデータの分析結果に基づくニュースを提供するサービス
Clare. AI Limited (クレア AI)	香港	顧客からのサービス内容や財務管理等についての問合せに、人工知能を活用したチャットボット（人工会話プログラム）が対応するサービス
Moneythor (マネーサー)	シンガポール	銀行の顧客取引データ（クレジットカード情報等）を人工知能等により分析し、顧客に適した金融サービスを提案するソフトウェアを提供
PandaMoney (パンダ・マネー)	ロシア	幼少期から計画的な貯蓄やオンラインバンキングなどの金融教育に資する、子供を対象にしたオンライン上のキャラクター（パンダ）育成コンテンツを提供
Playbasis Private Limited（プレイベイシス・プライベート）	タイ	オンラインでの金融取引とゲームを組み合わせることで、顧客ロイヤリティの向上や窓口業務のオンライン化を促進するプラットフォームを提供
QUANTCUBE TECHNOLOGY (クオントキューブ・テクノロジー)	フランス	多様なビッグデータと人工知能を活用した経済関連事象（経済成長率、株価等）を予測、分析するとともに、その分析結果に基づく金融商品を提案するサービス
Shift Technology (シフト・テクノロジー)	フランス	人工知能を活用し、保険金詐欺を検出するプロセスを自動化し、詐欺か否かの判断を助けるサービス

出所：東京都資料

ブルデバイスから得られる情報を人工知能で分析するとか、金融情報をリアルタイムで自動データ化や分析する、顧客からの問い合わせに対して人工知能を活用したチャットボット（人工会話プログラム）が対応するなど、いずれも最先端の技術を有し、それを金融サービスに応用しようとする意欲的なビジネスプランを描いている（図表 2-3）。

このほか、金融機能が集積する大手町から日本橋を経て兜町に至るまでの地区の活性化へ向けた官民連携によるプロモーション活動の推進や日本への高度外国人材の呼び込みの妨げとなっていると指摘されていた国際的な相続に係る課税の見直しなども進められることになった。後者の相続課

図表 2-4　国際的な相続に係る課税見直しの内容

問題となるケース	改正前	改正後
① 日本に居住する外国人駐在員が、日本で死亡した場合	日本で死亡した外国人駐在員の全世界財産（日本国内の財産だけでなく母国に残した財産を含む）に課税	日本で死亡した外国人駐在員が一定の要件（※①）を満たす場合は、国内財産のみに課税
② 日本に居住する外国人駐在員の親族が、外国で死亡した場合	外国で死亡した親族の全世界財産に課税	日本に居住する外国人駐在員が一定の要件（※②）を満たす場合は、国内財産のみに課税

（※）①出入国管理及び難民認定法別表第1の在留資格があること。
　　　②過去15年以内において国内に住所を有していた期間の合計が10年以下であること。

出所：東京都資料

税の問題については、2017年4月1日以後に相続等により取得する財産に係る相続税等について、新たな取扱いが適用されることとなった（図表2-4）。

3　進出後手続支援

（1）手続支援の必要性

　海外の資産運用業者が日本に進出してビジネスを展開しようとする場合、どれだけの資金をどの銘柄の株式の買付けに充てるかといった資産運用にあたっての投資判断を顧客に代わって行う投資一任業務を営むのであれば、金融庁による投資運用業としての登録を受けることが必要となる。顧客に対して投資助言を行うのみにとどまる場合であっても、投資助言・代理業としての登録が必要となる。このほか、顧客が一定の要件を満たすプロ投資家だけに限られる場合には、それらとは異なる資格で営業するな

ど、いずれにしても金融商品取引法（以下「金商法」）やその関連政令、内閣府令に規定された業規制の適用を受けることとなる。

こうした規制を課されるのは、国内企業が資産運用業に進出しようとする場合であっても同じであり、それ自体が国際金融センター化を阻む要因であるとは言えない。また、資産運用業、とりわけ顧客から資金を預かって一任運用を行う業者に対しては、投資家保護の観点から世界の主要国でかなり厳しい規制が課されており、国際比較の観点からも日本の制度が厳しすぎるというわけではない。

しかしながら、日本に進出しようとする海外の資産運用業者が、多くの壁に突き当たるのも現実である。例えば、金商法や関連政令、内閣府令が定める規制の内容を、日本語を解しない海外の業者が正しく理解することは容易でない。かつては、そもそも法令の英語訳を入手することも困難だという指摘があり、現在では金融庁ホームページに英語版を掲載するといった対応がなされているが、法令の文章は、元の日本文自体、それほど分かりやすいものではない。それを正確性を重んじて直訳してしまうと、さっぱり意味の分からない英文になってしまう。

もちろん、規制に関する英語での情報入手を含め、日本国内の法律事務所等に相応の費用を支払えば、適切なアドバイスを得られる可能性は高いだろう。とはいえ、そこまでの費用をかけられない小規模な業者等は、英語が公用語であるために同じような情報を容易に英語で入手できる香港やシンガポールへの展開を東京進出よりも優先するという判断に至ってしまいがちである。

また、日本進出に際して現地法人を設立しようとすると、会社登記のために代表者の国内における住所が必要であるとか、国内金融機関に開設した本人名義の銀行口座が必要であるなど、様々な実務的困難に直面するといった指摘もなされてきた。こうした技術的ではあるが、実際上影響の大

きい事項については、2014年4月に設置された政府の対日直接投資推進会議やその下に置かれた規制・行政手続見直しワーキング・グループなどにおいて詳細な検討がなされ、関係府省等が法令改正を含めた様々な手当てを講じることで、逐次改善が図られつつある。

(2) 進出手続支援をめぐる当面の対応

「当面の対応」では、東京都が、日本進出を考える資産運用業者やフィンテック関連企業に対して、本章第2節(1)で既に触れた金融ワンストップ支援サービスを通じて、金商法上の業規制への対応を含めた金融ビジネス相談機能を提供することとしている。また、既設の東京開業ワンストップセンターの機能を拡充し、都税に関する手続で英語による申請を可能とするなど、手続面についても進出企業の負担軽減につながるような措置を講じていくとする（図表2-5）。このほか、法令による規制の内容を紹介する解説書の作成も進められることになった。

これらの施策は、既に具体的な成果を生みつつある。例えば、2017年8

図表2-5 「当面の対応」に盛り込まれた進出手続支援の枠組み

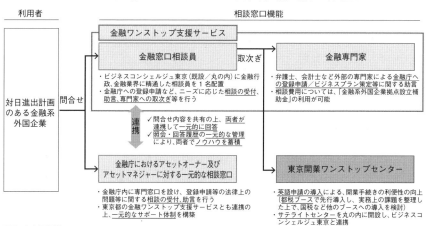

出所：東京都資料

月には、英国の生命保険会社で投資運用業者としても各国で事業を展開しているリーガル・アンド・ジェネラルの日本法人が、投資運用業、第二種金融商品取引業、投資助言・代理業の登録を完了した。このケースは、金融庁や関東財務局、東京都庁でプロジェクトチームを編成して対応し、リーガル・アンド・ジェネラル側との初回の面談から3カ月程度という短い期間で登録手続の完了に至ることができた。

また、2017年9月には、東京都が金融庁による監修の下で作成した、日本の金融関係法令・規則、金融商品取引業者としての登録申請手続き等を分かりやすく解説した英文書が公表され[注7]、前述のビジネスコンシェルジュ東京における相談者や金融関連のイベント参加者等に配付されることとなった。

4 生活環境整備

海外金融系企業が日本、東京に進出する場合、プロフェッショナル人材が本国から、時には家族を帯同して赴任して来ることが想定される。海外企業の円滑な誘致を進めるためには、そうしたケースが増加することを念頭に置きながら、東京に居住することとなる外国人材のための生活環境整備を進めることも重要である。

「当面の対応」では、この点について、次のような具体的施策を講じるとしている。

第一に、高度金融外国人材の国内滞在時の生活負荷軽減のために、家事支援サービスにおける外国人材の活用を図る。すなわち、東京都内全域において、炊事、洗濯、掃除、買い物、児童の日常生活上の世話などの家事

(注7) http://www.seisakukikaku.metro.tokyo.jp/bdc_tokyo/japanese/english-guide-book/

第 2 章　海外金融系企業の誘致促進 ▼

支援を行う外国人に在留資格を積極的に付与し、受け入れを進めていく。

　日本の在留資格制度では、本来、家事支援のような技術的難易度のそれほど高くないサービスに従事する外国人は容易に在留資格を取得することができない。もちろん、日本国内にも家事支援サービスを提供する事業者は多数存在するが、多くの場合、日本語以外でのコミュニケーションが難しいという問題がある。そこで、日本に赴任したばかりで、日本語のコミュニケーションが難しい外国人が利用できる外国人による家事支援サービスの拡大を認めようというのである。

　第二に、東京都が誘致する資産運用業やフィンテック関連ビジネスを展開する外国企業で勤務する高度金融人材について、創業時の国内滞在に対する障害になっているとの指摘がある在留資格取得や家事使用人・親の帯同に関する制約を緩和する施策の実現を国に対して要望する（図表2-6）。進出する外国企業から派遣される役職員が日本の在留資格を容易に取得できないのでは、誘致事業は絵に描いた餅になりかねない。在留資格の特例が国の法務省の所管事項であるため、「当面の対応」では「要望」となっ

図表 2-6　在留資格特例に係る施策

施策	① 高度人材ポイント制における特別加算要件の緩和	② 家事使用人・親の帯同要件の緩和
対応課題	既存の高度人材ポイント制において、金融人材が制度適用に必要な 70 点を得られ易くする必要がある	高度人材に認定されれば家事使用人・親の帯同が可能となるが、帯同要件が厳しい
詳細	✓東京都が認定する事業者について、特別加算（＋10 点、中小企業＋20 点）し、高度人材と認定される 70 点をクリアーし易くする 例 1：外資系 FinTech 企業と国内企業とのマッチングイベント等で高評価を得た企業の経営者等 例 2：運用実績が一定の基準を上回る資産運用系企業のファンドマネージャー	✓家事使用人の帯同要件の緩和 ・「13 歳未満の子または病気等により家事に従事できない配偶者を有する」という要件の緩和 ・人数制限の緩和（1 人⇒複数人） ・使用人への報酬（月額20万円以上）の緩和　等 ✓親の帯同要件の緩和 ・「妊娠者の介助または 7 歳未満の子の養育目的に限る」という要件の緩和　等
今後の方針	③ これまでの高度人材ポイント制の主要素である年収要件等に加え、起業実績又はビジネスプラン、実行力を裏付ける資本力等の将来性に着目した制度改正を要望	

出所：東京都資料

69

てはいるが、この規制緩和は、誘致事業の成否を左右する極めて重要な施策である。

　第三に、海外から進出する金融系企業に勤務する外国人やその家族にとっての生活上の障害の1つとなる自国語での医療サービスの受診の困難さを解消するために、外国人に対する医療提供体制を改善する。具体的には、現状、米国、英国、フランス、シンガポールの外国人医師については、日本の英語による医師国家試験に合格すれば医師免許が付与されるが、それぞれの自国民のみしか診察できないこととされている。そこで、東京都が認定されている国家戦略特区内の医療機関であれば、自国民に限らず外国人一般に対する診療を可能にすることで、外国人向け医療サービスの拡充を図ることとした。

　第四に、東京駅前及び虎ノ門地区へのインターナショナルスクールの誘致を推進し、外国人が帯同する家族の教育環境の整備を図る。この2つの地区については、国際機関の認証や外国政府の認定を受けて高水準の教育プログラムを提供する学校の誘致を実現すべく、既に具体的な候補先との協議が進められているところである。

5　「当面の対応」の意義と今後の課題

　以上のような具体的施策を盛り込んだ「当面の対応」に従って、今後、東京都が中心的な役割を担い、金融庁など政府当局や民間の様々な事業者、専門家とも協力しつつ、海外金融系企業の誘致活動や支援が進展していくことが期待される。今回の「当面の対応」の最大の意義は、一見些末とも思えるようなきめの細かい対応を迅速に講じていくことで、海外金融系企業の進出に伴う実務的、実際的な課題を比較的短期間で解決していく道筋を示した点にあると言うことができるだろう。

第2章　海外金融系企業の誘致促進　▼

　こうした積極的な意義を認めつつも、本章の最後に、「当面の対応」に
盛り込まれた施策の限界や今後の課題について2点ほど私見を述べておく
こととしたい。

　1つは、海外金融系企業の誘致が目論見どおりに進んだとしても、それ
が期待される派生的な効果を十二分に発揮するかどうかについては必ずし
も楽観できないという点を指摘しておきたい。

　例えば、資産運用業者の進出といった場合、それに伴って、東京で資産
運用上の高度な意思決定が行われるようになることで、高度な金融技術、
理論に通じた人材が東京に集積し、それをさらに伝播していくといった効
果が生まれることが期待されているだろう。しかし、海外業者の側から見
た場合、進出先としての東京の主たる魅力は、もっぱら巨額の個人金融資
産が預貯金や現金の形で放置されているという点にある。つまり、海外の
資産運用業者のビジネス戦略という観点からすれば、東京オフィスは自社
商品の運用、ファンドマネジメントの拠点というよりも、自社商品の販売
拠点として重要な意義を有することになるのである。

　その点を考えると、海外から資産運用業者が進出するとしても、商品の
販売や機関投資家や証券会社等とのリレーションシップ・マネジメントに
力点が置かれ、ファンドマネジメント（資産運用）そのものは本国など海
外で行うという形態にとどまる可能性もあろう。もちろん、そうした進出
が東京の国際金融センター機能強化につながらないというわけではない
が、高度なノウハウや情報機能の集積といった効果までは期待しにくいと
いうことも否定しにくいだろう。

　もう1つは、「当面の対応」に盛り込まれたような取組みをその内容を
深化させつつ、長期にわたって継続させていくことが可能かという点につ
いて、若干の危惧を感じざるを得ないことである。

　本章でも触れたように、東京、あるいは日本の国際金融センター機能の

71

強化は、過去にも度々政策課題として浮上しているが、一貫した継続的な取組みがなされてきたとは言いにくい。現在進められている「国際金融都市・東京」の実現へ向けた取組みについても、何年か後には、華々しく打ち上げられた過去の構想として忘れ去られてしまうという懸念がゼロではない。

　そのような懸念を払拭できない大きな理由は、国際金融センター機能の強化という政策目標の社会的な意義が、必ずしも多くの都民、国民に共有されているとは言いにくいからである。日本では、しばしば「ものづくり」の重要性が語られる一方で、金融業は「マネーゲーム」にうつつを抜かす「虚業」とされ、なにやらいかがわしいものであるかのように扱われたりすることが決して稀ではない。そうした意識が払拭され、高付加価値を提供できる成長産業としての金融業の意義が社会的認知を得ることなしには、「当面の対応」に盛り込まれたような地道な施策を継続的に展開していくことは容易でないのである。

　この課題は、東京都や政府によるいくつかの施策だけで解決できるものではない。日本経済の構造がかつての「ものづくり」によって支えられるものとは異なるものとなってきていることやその中での金融業の果たすべき役割について、都民、国民の幅広い理解を得るために粘り強い情報発信を続けていくことが、全ての関係者に求められているのではないだろうか。

第3章

国際金融都市にふさわしい
　　　　　　会計と税務

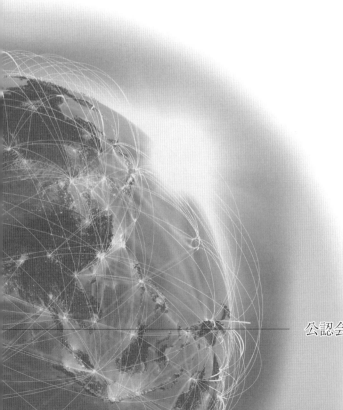

公認会計士・税理士　須田　徹

国際金融都市に向けた課題

（1）産業構造変革の必要性

　1990年代初めまでの日本は、基礎研究成果を応用した要素技術を含む製品化技術及び生産効率化のための大量生産化技術を各企業・技術者のたゆまぬ努力によって発展させ、世界経済における優位性を謳歌してきた。即ち、製造業が当時の日本経済の大きな牽引役として機能してきた。

　しかし、例えば電気製品における部品のモジュール化、高度な製造設備の海外輸出、人の交流等に伴うそれら技術の世界標準化・普遍化により、技術優位性による創業者利得収受の短期間化、一部産業における技術優位性の喪失の時代に入っている。

　また、当初はその労働人口の多さ・低賃金に注目し、輸出製品の「生産基地」と日本の製造業が位置づけた中国は、その人口の多さによる消費者市場としての中国へと変化し、さらに外資との合弁事業政策等による急速な技術導入と経済発展に伴う競争相手へと変化した。中国のみならず、半導体、液晶パネル等の特定産業分野に投資を集中した韓国、OEM製造に活路を見出した台湾にも一部産業においては日本企業を凌駕する企業が出現している。端的な例が、三洋電機、シャープ、東芝等に見られる家電製品製造業界であろう。

　これは、かつて繊維、テレビをはじめとする家電製品、カメラ、半導体、自動車、鉄鋼、オートバイ等の日本製品がその品質・価格で欧米の企業を追い抜いて行った過去を彷彿とさせる。それが巡りまわって日本が追いかけられる立場になった、という世界の産業構造変化に日本企業が直面しているのが現状である。この現実は、単に家電製品製造業界のみなら

第3章　国際金融都市にふさわしい会計と税務　▼

ず、他産業にも波及していくと思われる。

このような外国企業の成長・拡大とともに日本の産業界における大きな将来的問題点は、少子高齢化による労働人口・消費人口の減少である。即ち、国内における生産力、消費力の減少の問題である。この問題に対応するためには、効率的に高付加価値を稼得することを可能とする産業構造に日本を変革することが必要であり、以下の諸点も真剣に検討される必要がある。

(2) グローバルアウトソーシング化や知財活用事業化

少子高齢化の進行により労働人口が減少していくなかで、国全体の成長率を維持・発展させていくためには、当然のことながら労働力1単位あたりの付加価値額を高めていく必要がある。従来の日本企業にあっては、この問題を「生産性の向上」としてとらえ、生産工程の効率化、ロボットの導入、トヨタの看板方式にも見られる在庫管理の合理化等の諸対応を行い、一定の成果を収めてきた。しかしながら、これらの生産技術の向上は、他国、特に発展過程にある国々においても著しい向上がなされており、大量生産技術に関しては日本企業の技術を凌駕している分野もある。事実、私自身が日本の某電機メーカーの生産技術者が台湾系企業の中国工場における大量生産工場の実態を見て、「わが社は負けた」との感想を述べられていたのを経験している。

しかし、日本の要素技術の研究・開発能力は依然として高く、その成果物を自社で製造する（自前主義）のではなく、自社は研究・開発に専念し、製造は他社に委託する（アウトソーシング主義）という事業形態への変換が必要となる。

アウトソーシング主義の好例が、アップル社であろう。同社にあっては、製品の製造活動は台湾等の製造専門企業に委託し、委託先企業に対し

75

ては厳格な品質管理体制、製品技術の漏洩防止体制及び各種の世界的規制（例えば、環境保護、子供労働、下請け管理、労働環境等）への対応体制を採らせ、自社がそれらの体制を監査・指導している。

　このビジネスモデルが成功すれば、大量の工場労働力や設備投資は不要であり（なお、高度の技術を維持・発展させるためには大量生産用工場は不要であっても、マザー工場の存在は不可欠である。無論、マザー工場自体もアウトソーシングすることも可能ではあるが）、少子高齢化には適したビジネスモデルである。

　このビジネスモデルを成功させるためには、次の要件の充足が必須となる。

　①　優秀な技術者と製造委託先等の管理・指導者の確保と維持
　②　複数の代替可能な製造委託先、部品調達先の確保
　③　大量生産製品であること

　これらは、いずれも"言うは易く、行うは難し"の要件であるが、日本の製造業は、これに挑戦していかなければならない。

　このアウトソーシング主義をさらに進めたビジネスモデルが、知財活用事業モデルである。このモデルにあっては、自社では知財開発のみを行い、製造を含む当該知財を活用する権利（製造権や製品の販売権）を他社に使用許諾し、その使用料で収益を稼得する形態である。すでに新薬開発事業等においては、共同開発、スポンサー契約等によりR＆D費用の資金調達を行い、成果物の使用権を資金提供したスポンサー等に供与するとともに使用料を収受する形態で実行されている。

　アウトソーシング主義や知財活用事業モデルでは、高度人材は必須であるが、多くの労働力を必要とせず、少子高齢化社会が目指すビジネスモデルである。

（3）新規事業の育成

1980年代後半にNASA（アメリカ航空宇宙局）の予算削減に伴い、NASAの技術要員が大量に米国の民間企業にその活躍の場を移した以降、米国での通信、IT、AI等の技術発展は、まさに日進月歩である。そして、それらの技術は、多くの産業分野に革命的変革を呼び起こし、かつ新しい産業を創造した。

例えば、新金融商品である。20年程前になるが、日本の某銀行の新規金融商品開発部門の現場責任者から、「私の部下は全員が大学・大学院の数学科卒業で、文科系は私1人だ」との嘆きとも驚きともつかない言葉をお聞きしたことがある。それまでの日本の銀行は、電算機室を除けば、その多くが文科系の人材で占められていた。

それから20年、今やFinTech技術の進歩で、銀行の特定業務分野は不要もしくは他産業により代替され、一方ではまったく新規の事業分野が拡大すると言われている。これは、単に銀行業務だけではなく、医師、弁護士、会計士、税理士等の専門家分野にも及ぶとされている。これも大きな産業構造の変革の1つである。

（4）多額な個人金融資産

日本銀行調査統計局が2017年6月27日に公表した2017年3月末現在の金融資産負債の統計速報による個人及び民間企業の金融資産・負債残高を図表3-1に示した。

図表3-1に示されたごとく、個人の金融資産残高が1,800兆円を超え、10年前の2006年末残高1,554兆円に比して16.4％の増加となっている（2008年8月に発生したリーマンショックの影響で2008年末残高は対前年比5.7％減となったが、その年度以外は着実に増加している）。

図表 3-1　個人及び民間非金融法人企業の金融資産・負債残高

（2017 年 3 月末現在　単位：兆円）

	個人[※1]	民間非金融企業	合計
現金・預金	932	255	1,187
証券	304[※2]	391	695
保険・年金・定型保証	522	－	522
その他	52	507	559
金融資産合計	1,809	1,153	2,962
借入	296	401	697
証券	－	909[※3]	909
その他	22	352	374
金融負債合計	318	1,662	1,980
純金融資産残高	1,491	▲ 509	982

※1　個人事業者を含む。
※2　内訳は、公社債等の債務証券 25 兆円、投資信託 99 兆円、株式 181 兆円。
※3　時価ベース金額であり、簿価（又は額面）ベースでは債務証券 66 兆円、株式・
　　 投資信託受益証券 166 兆円（上場株式の時価ベース額は 498 兆円）等で金融負
　　 債合計は 988 兆円となっている。

　さらに注目すべきは、個人金融資産残高に占める現金・預金の比率の高
さであり、2006 年末の 49.76％から 2017 年 3 月末では 51.52％と増加して
いる。これは、低金利等によるタンス預金の増加もあるが、個人金融資産
が預貯金に偏在していることを意味する。この預貯金への偏在が、過去に
おいて日本の間接金融体制を支えていたが、近時の金融機関、特に地方金
融機関の預貸率の低下は、その資金が企業分野に還流されていないことを
示している。即ち、個人の金融資産が有効に活用されていないことにな
る。

　この多額な金融資産（特に個人の現金・預金や機関投資家の資産）が有効
に活用されれば、消費者の立場からは、運用収益やキャピタルゲイン等に
よる個人資産の増大や少子高齢化に伴う国内消費の逓減防止策の 1 つとな

第3章 国際金融都市にふさわしい会計と税務

図表 3-2　日本の産業構造変化と金融資産活用

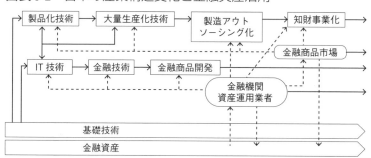

る可能性を有している。一方、金融サービスを提供する立場からは、前述のアウトソーシング主義、知財活用事業モデルと同様に、大量の労働力、多額な設備投資が不要な事業の創造となる（無論、開発費用やシステム構築費用等の投資は必要であるが、年間の維持・更新費用に数千億円要する半導体製造事業程の投資は必要ない）。

金融資産の有効活用、即ち『貯蓄から投資へ』の転換のためには、前述のFinTech技術の日本国内での開発・発展の積極的促進、優良な資金運用業者の存在が不可欠となる。即ち、残念ながら日本ではこの分野における優位性は低く、当該分野での先進国からの人材・技術・知識の協力のもとに新規事業分野として積極的に育成していく必要がある。

 金融の国際化と会計

（1）会計情報の国際的比較可能性の確保

東京を国際金融都市にするためには、当然のことながら金融取引の一層の活発化が必要である。また、金融取引は国際化・無国境化しており、現

状においても日本企業に対する外国人株主の増加、東京証券市場における海外投資家の動向による株価変動への影響は大なるものがある。

このような状況下においては、財務数字と企業情報の提供の国際水準との整合性が必要となる。かつて、不良債権情報の不透明性による「ジャパン・プレミアム」（日本の金融機関による外貨調達時における上乗せ金利）や日本が採用する会計基準が他国で適用される会計基準と相違する旨の「レジェンド（警告文）」表明の問題が生じた。また、新聞紙上等において、日本企業は欧米企業に比してPBR（株価純資産比率）やROE（資本利益率）が低い等の記事が掲載されているが、これも比較対象となる数値算定基準の統一性が保たれていることが大前提であり、異なる基準で作成された数値に基づく比率等は誤解を与える可能性がある。

「国際金融都市・東京」を推進するためには、経済社会のインフラである会計基準を統一し、同一基準による国外企業との比較可能性、提供情報の充実化による国内外の投資家への企業財務情報に対する説明の容易化、信頼性の確保が必要である。この会計基準の統一化は、単に投資家からの観点からだけではなく、日本企業自体にとっても世界各国で活動する関係会社の財務情報を同一基準で収集し、経営管理の強化を図ることを容易にすることを可能とする。

この点は、日本の一般企業だけではなく、投資家を含む他者から資金を預かり運用する金融機関・資産運用業者にとって特に必要である。即ち、国の内外から運用資金を調達する者は、世界に通じる基準で資金を運用し、世界共通の会計言語でその運用状況、成果を計算・報告し、投資家・依頼者の負託に応える義務があるためである。

(2) 国際会計基準の採用状況

会計分野における国際的基準として国際会計基準審議会（IASB）が定

める「国際会計基準（International Financial Reporting Standards：IFRS
厳密には「国際財務報告基準」）」がある。

IFRS は、欧州では 2005 年に強制適用となり、2009 年以降は欧州で活
動する外国企業に対して、IFRS もしくはそれと同等の会計基準の適用が
義務付けられた。日本では、それへの対応から日本の会計基準と IFRS と
の調整・共通化（コンバージェンス）が図られ、現在では、IFRS と同等の
会計基準とされているが、まったくの同一ではない。一方で日本では
2010 年 3 月から、IFRS による連結財務諸表の開示が容認されている。

世界 150 カ国における IFRS の普及状況は、図表 3-3 のとおりである
（2017 年 1 月現在（出所：IFRS 財団アジア・オセアニアオフィスによる調査資
料））。

日本では、当初 2016 年 3 月期からの IFRS 強制適用が検討されたが、
諸般の事情で強制適用の論議が止まっており、日本取引所グループの調べ
では、2017 年 8 月現在で株式公開会社約 3,600 社のうち、IFRS 採用会社
は 154 社（うち 16 社は適用決定のみ）、取引所時価総額の約 30％となって
いる（他に米国会計基準による有価証券報告書を提出している日本企業が約 30
社ある）。

図表 3-3　世界 150 カ国における IFRS の普及状況

適用状況	国数	主な採用国
強制適用または準じる状況	126 カ国	欧州諸国、アフリカ諸国、シンガポール ※、香港 ※、オーストラリア、カナダ等
強制適用に移行中	2 カ国	インドネシア、タイ
金融機関のみ適用	1 カ国	カザフスタン
任意適用	12 カ国	日本、スイス等
自国国内基準	9 カ国	アメリカ、中国、インド等

※　自国国内基準が原則であるが、その内容は IFRS とほぼ同じである。また、現地
　　での上場を行う外国企業は、IFRS、米国基準も認められる。

(3) 国際会計基準の適用促進策

　金融庁、証券取引所等はIFRS適用の拡大を奨励しており、政府も2013年6月の閣議決定で「日本再興戦略2014」の"3つのアクションプラン"の"日本産業再興プラン"一環としてコーポレートガバナンスの強化のために、国内の証券取引所に対して、上場基準における社外取締役の位置付けや収益性や経営面での評価が高い銘柄のインデックスの設定などを掲げた。それを受けて「JPX日経インデックス400」の構成銘柄（400社）選定時にIFRS採用銘柄を定性的な加点項目にした。また、2014年6月閣議決定の「日本再興戦略 改訂2014」においても、金融・資本市場の活発化策として、会計における「単一で高品質な国際基準を策定する」目標実現に向けて"IFRSの任意適用企業の拡大促進"を掲げている。

　このようにIFRS導入に関しては、政府によるベースは策定されており、それらの各種奨励策を実効あるものにするためには、次の諸点の具体的解決が必要となる。

① 　IFRSと日本基準の主な相違点（開発費資産計上、のれんの非償却等）の解消。

② 　国内における3種の会計基準（会社法計算規則、税法、証券取引法）との調整・統合。特に、株主総会提出の単体財務諸表、及び確定決算主義を採用する法人税法との調整は必須である。

③ 　会社法上の配当原資の算定方式との調整。

④ 　監督官庁における管理・指導体制のIFRSとの連動・対応。

⑤ 　企業自体におけるIFRS採用意志の向上努力。

新規参入促進に向けた税制の検討

(1) 主要国の税率

① 主要国の税率比較

図表3-4に世界の主な金融都市が存在する諸国の2017年1月現在の主要税率等を記載した。

図表3-4に示されたごとく、日本は消費税、一定額までの所得税額を除き、ドイツ並みではあるが、法人実効税率はイギリスの19％、OECD加盟国平均の23％に比しても高い税率となっており、アジアの金融都市であるシンガポール、香港とは競争にならない高税負担国であり、東京を国際金融都市とするための外国企業、外国人高度人材の招聘に対する障害の1つとなっているとの指摘がある。

(2) 日本の法人実効税率

東京を国際金融都市にするための税制措置を検討するに先立ち、日本の法人実効税率とその構成要素を図表3-5に示した。

図表3-5で明らかなごとく、実効税率に占める地方税の割合が低く、地方税の軽減だけでは新規産業促進のインセンティブとしては効果が少ない。したがって、法人に対する税負担を軽減するには、地方自治体の努力のみに止まらず、国の協力が必須となる。例えば、現行税制では、地方自治体が事業税の減免や補助金の支給を行った場合、その支援額の4分の1強が国税として徴収されることになる。

図表 3-4　主要国の税率等比較

国名	法人実効税率	個人所得税率	消費税率	給与額に対する所得税額[6] 500	700	1,000	相続税率[7]
日本	29.97%[1]	国税 5-45%[3]	8.0%	15.8	39.2	100.9	9.53%
アメリカ	38.91%[2]	連邦 10-35%[3]	NY市[5] 8.875%	8.0	37.3	82.3	0%[8]
イギリス	19.00%	20-45%	20.0%	67.6	135.3	255.3	14.19%
フランス	34.43%	14-45%	20.0%	39.3	70.6	133.7	8.30%
ドイツ	30.18%	14-45%	19.0%	46.5	101.0	195.3	2.07%
シンガポール	17.00%	22%[4]	7.0%	11.0	25.0	58.0	0
香港	16.50%	15%	0.0%	0	10.9	33.4	0

※1　標準税率による実効税率であり、東京、大阪等の地方税に特別税率を採用している都市では高率となる。
※2　カリフォルニア州の場合。ニューヨーク市の場合には、連邦税35％、NY州税6.58％、NY市税8.85％（実効税率43.83％）となる。
※3　国税以外に地方税がある。
※4　リベート（税払い戻し）制度があり、22％より低税率になる可能性がある。
※5　州（及び市等の地方自治体）により税率は異なる。
※6　日本～ドイツまでは国税庁公表資料より。シンガポール・香港は夫婦、子供2人として独自調査。なお、為替レート等により税額は変動するため、あくまでも参考金額であり、数値は万円単位である。
※7　財務省が2016年1月現在として公表した、相続財産額3億円で配偶者が2分の1、残りを子供が相続した場合の税率。この税率も為替レート等により変動するため、参考数値である。
※8　最高税率40％の連邦遺産税制はあるが、毎年のインフレ率で調整される基礎控除額が、2016年4月現在、545万ドル（約6億円）あるため3億円の相続財産での税額はゼロである。

4　「国際金融都市・東京」に向けた税制

　国際金融都市・東京を機能させるための税制は、次の3側面から検討す

第 3 章　国際金融都市にふさわしい会計と税務　▼

図表 3-5　日本の法人実効税率

税種目	2017 年 10 月末現在		2019 年 10 月 1 日以降開始事業年度から[※1]	
	標準税率	東京 23 区内	標準税率	東京 23 区内
国税				
① 法人税	23.40%	23.40%	23.20%	23.20%
② 地方法人税[※2]	4.40%	4.40%	10.30%	10.30%
③ 地方法人特別税[※3]	414.20%	414.20%	—	—
地方税				
④ 法人事業税[※4]	0.70%	0.88%	3.60%	3.78%
⑤ 法人住民税[※2]	12.90%	16.30%	7.00%	10.40%
実効税率計算式	{①×(1＋②＋⑤)＋④(超過税率)＋④(標準税率)×③} ／(1＋④(超過税率)＋④(標準税率)×③)			
実効税率	29.97%	30.86%	29.74%	30.62%
国税のみの実効税率	26.38%	26.33%	24.70%	24.66%

※1　消費税率が 8% から 10% に増税されることに伴い予定されている法人関係税率の軽減措置である。

※2　課税対象額は、法人税額である。

※3　課税対象額は、標準税率による事業税額である。

※4　示された税率は、年 800 万円超の所得額に対する所得割の税率であり、資本金 1 億円超の法人に対しては他に付加価値割（1.2%）、資本金割（0.5%）が課される。なお、事業税額と地方法人特別税額は支払い時に損金となる。

「地方法人税」……自治体間の税収のばらつきが生じているため、2014 年 10 月 1 日以降開始する事業年度から地方税である法人住民税の一部を国に移行し、地方交付税の財源とする恒久的措置である。

「地方法人特別税」……2008 年税制改正により導入された税であり、地域間の税財源の偏在を是正するため、消費税を含む税体系の抜本的改革がなされるまでの間の暫定措置として、地方税である法人事業税の一部を分離して国税とし、それに相当する額を地方法人特別譲与税として人口及び従業員数を基準として各都道府県に譲与することとしたものである。当初は 2017 年度に廃止する予定であったが、現時点では 2019 年 10 月 1 日（即ち、消費税率が 10% になる日）以降開始事業年度から廃止し、事業税に復活統合予定である。

る必要がある。

①　企業からの立場

　日本国内において FinTech 技術の開発促進、資産運用業の育成・成長促進を図るためには、それらの分野への参入企業数を増加させる国及び地方自治体の法人税制上の措置が必要となる。

②　企業人材からの立場

　当該分野に参入する企業の経営者・創業者及び技術者に関連する税の問題である。特に、前述のごとく、日本はこれらの産業分野における優位性を有しておらず、それら人材を国外からも確保する必要があるのが現状である。したがって、外国人高度人材確保のための税制の検討が必要となる。

③　投資家からの立場

　日本国内における金融取引を活発化させるためには、投資家の存在と運用先の多様化が必要となる。幸いなことに、日本には多額の個人金融資産が、現金・預金として運用（?）されている。それらの資金を他の運用先に振り向けるためには、金融商品の種類の拡大に対応する金融一体課税の徹底、リスクマネーへの転換を促進するための金融損失の救済措置等の所得税の検討が必要である。

　以下に、上記 3 側面からの現行税法規定の内容及び改善要望点を記載する。なお、取り上げた項目は、「国際金融都市・東京　懇談会」にて複数の在日金融機関、在外日本人金融業務担当者から聞き取った我が国税制で問題があるとされた項目を中心としているが（一部には、すでに税制改正等に

より問題が解消した項目もあるが、問題提示者の誤解を解くためにも、それらの項目にも言及する）、改善要望点はあくまでも筆者の私見であることを断っておく。

（1）法人に対する税

① 国家戦略特区制度を活用した優遇税制

国及び一部の地方自治体は、国家戦略特区内における特定事業に対して、税制上の優遇措置を設けている。その主なものは、図表3-6のとおりである。

なお、地方自治体による地方税の非課税措置、または不均一課税等に関しては、地方税法6条～9条に定めがある。

東京都も地方自治体の努力として、大阪府・大阪市や福岡市と同様に国家戦略特区制度を活用した効果的な金融事業者導入促進税制もしくは助成金制度の導入の具体化を検討している。

しかしながら、例えば地方法人2税（法人事業税、法人住民税）を全額免除しても、法人の実効税率は現行で30.86％から26.33％と4.53％軽減されるのみであり、OECD加盟国平均の23％より高税率のままである。即ち、企業・産業誘致を図る地方自治体自らの努力は無論必要であるが、高税率の解決には国の協力がぜひとも必要となる。

国税税率自体の軽減が可能であれば問題はないのであるが、それが困難な場合であっても、次のごとき改善策採用の検討が必要と思われる。

図表 3-6　特区優遇税制

	根拠法	設立時期	主な指定要件						軽減税目	軽減内容
			区域	対象分野	事業要件		革新性要件	雇用要件		
					規制の特例	事業度合				
国（国家戦略特区）	・国家戦略特別区域法 ・同施行令 ・同施行規則 ・租税特別措置法61条（同施行令37条）	特区指定の日（2014年5月1日）以後に設立され、設立日以後の事業開始期間が5年未満であること	特区内に本店又は主たる事務所を有すること	医療・国際・農業・一定の事業、IoT	規制の特例措置が重要な役割を果たすこと	専ら対象事業（左記の分野・規制要件を満たす事業）を営むこと	新たな価値又は経済社会の変化をもたらす革新的な事業であること	なし	法人税	2018年3月31日までに国家戦略特区担当大臣（内閣府）の指定を受けた法人について、法人設立から5年以内に限り、課税所得額の20%を控除
大阪府・大阪市（関西イノベーション国際戦略総合特区）	・大阪府成長特区における集積促進及び産業集積の促進及び国際競争力の強化に係る成長産業等の成長計画の認定並びに法人の府民税及び事業税並びに不動産取得税の課税の特例に関する条例	事業計画認定後、3年以内に当該成長産業等を開始していること	府・市共通項：彩都地区、咲洲地区及び阪神港地区、大阪府（周辺）府：北大阪地区、関西国際空港地区、北大阪健康医療都市区域	新エネルギー、ライフサイエンス分野の事業、両分野を支援する事業	特になし	事業計画作成の事業について審査会の意見を置いたうえで認定を受けることが必要	特になし	資本金に応じた常用雇用者数の増加を満たすこと（対例）資本金50億円超は20名以上、同10億円超は10名以上、5名以上、同1億円未満は0名以上	府税（法人税割）、法人事業税（資産割）、不動産取得税 市税：法人市民税（法人税割、資産割、従業員割）、固定資産税、都市計画税	・法人府民税、法人市民税、法人事業税、所得に応じた減免。・不動産取得税は事業計画認定後3年以内に事業計画に供した場合は、1年間使用した土地・家屋に係る取得税を最大全額免除・固定資産税・都市計画税は事業計画認定後3年以内に取得し、事業の用に供した特区内資産は5年間固定資産税・都市計画税減免（最大5年間半減）・プラス5年間半減
福岡市（グローバル創業・雇用創出特区）	・福岡市税条例 ・福岡市グローバル創業・雇用創出特区の推進に関する条例	第9次福岡市基本計画（2013年4月1日）以後に設立され、設立後の事業開始期間が5年未満であること	市内に本店又は主たる事務所を有すること	医療・国際・農業・一定のIoT、先進的なIT	規制の特例措置が重要な役割を果たすこと	専ら対象事業（左記の分野・規制要件を満たす事業）を営むこと	新たな価値又は経済社会の変化をもたらす革新的な事業であること	常用雇用者を雇用すること（福岡市民を1名以上含むこと）	法人市民税（法人税割）	福岡市長の指定を受けた法人について、法人設立から5年以内に限り、対象事業に係る所得の全額免除

出所：東京都主税局作成資料

［改善要望点］

①地方自治体による助成策に対する非課税措置

現行規定では、地方自治体が促進対象事業に対して地方税の減免、助成金支給等の金銭的支援を行った場合、法人税の課税対象所得額の算定に際して損金となる税額相当額若しくは助成額の4分の1強が国税として課されることとなる。対象事業が欠損である場合には、将来年度に繰越される欠損金額の減少となり、将来年度において同様の課税となる。即ち、地方自治体による財政的支援の4分の1強が対象事業法人に留保されず、国に提供されることとなる。

したがって、地方自治体の財政的努力の効果を事業法人に100％享受させるために、課税対象所得算定時に減免された損金算入対象税額のみなし損金化や支給された助成金の益金不算入化の措置が必要である。

地方自治体が当該措置を採ったとしても、支援対象事業に対して減免税額や助成金支給額を税金で回収しようとする意思はなく、国が採ったとしても新規事業であれば本来なかった課税対象への課税がなくなるだけであり、実損はないと判断される。

②租税特別措置法61条の規定

2016年度税制改正で国家戦略特区・国際戦略総合特区における革新的ビジネスの成長支援策として導入された当規定（概要は図表3-6参照）に関して、次のごとき改善が要望される。

イ．期限の延長…当規定は2018年3月31日までに指定を受けた企業に限定された時限的措置であるが、その指定期間を延長する必要がある。

ロ．対象事業の拡大…適用対象企業は、医療、国際、農業、一定のIoTに限定されており、本書で検討している資産運用業を含む金融サービ

ス業が含まれていない（なお、FinTech 技術開発は、「一定の IoT」に含まれていると解されている）。本章で述べているごとく、金融技術・資産運用事業の分野は日本においてこれから発展・拡大させることが必要な産業分野であり、日本の全体経済の維持・発展に必要となると思われる産業分野として支援対象事業に含めるべきである。

ハ．対象法人の拡大…適用対象法人は、創業後 5 年以内の法人に限定されている。したがって、創業後 5 年以上経過した法人や外国法人が日本へ支店形態で日本に進出した場合には適用対象とはならない。例えば、本国で一定の成果を上げた外国企業がその成果を日本に持ち込み、日本での適用に一定期間の先行投資が必要な場合、日本での多額の初期投資費用の本国利益との損益通算により節税を図って日本へ支店形態で進出する、もしくは同形態で日本企業と共同事業を行うことが困難となる。したがって、「指定地域内で事業開始」等を要件とし、法人格を問わない規定を検討する必要がある。また逆に、新規創業促進等の目的であるならば、大企業優先を回避するために一定の資本金額、売上高等による制限措置も考えられる。

ニ．支援対象期間の延長…優遇策の対象期間は創業後 5 年間となっているが、相当期間にわたり技術開発や事業実績が必要な R ＆ D 型事業や成功報酬型事業にあっては、創業後数年間は無論のこと事業開始後数年間は赤字決算にならざるを得ず、5 年間では実質的便益を享受することが困難である。したがって、開業後に黒字をはじめて記録した翌事業年度から 5 年間等の実質的に恩典が享受できる規定にする必要がある。

ホ．その他…当規定では、課税所得額の 20％の免除であるが、かつて、中国では外資導入促進税制として「2 免 3 減」（2 年間の全額免税、3 年間の課税減額）制度を採用した。また、タイ国では投資委員会

（BOI）による新規投資事業に対する 5 年間の完全免税制度が導入されている。これらの措置に比すれば当規定による減免範囲が狭い。ただし、この課税範囲の広さは、当該国の財政事情、外資導入の必然性・緊急性、優遇対象外事業との課税公平感の維持等の問題があり、極めて政策色の強い事項ではある。

② 試験研究費税額控除制度

2017 年度税制改正により、IoT、AI、ビッグデータ活用による企業の新ビジネスモデルの展開促進措置として、試験研究費税額控除制度の対象に第 4 次産業革命型のサービス開発（①センサー等を使用して自動的にデータを収集し、②専門家が AI 等の情報解析技術によって収集したデータを分析し、③データ分析によって得られた一定の法則性を利用した新サービスを設計し、④当該サービスの再現性を確認する一連の行為）が追加された（租税特別措置法 42 条の 4、同施行令 27 条の 4）。

従来は、製品の製造または改良もしくは発明に係る費用が対象であり、条文上では業種限定はなかったが、"製品"が狭義に解され、当制度の利用企業は製造業が主であった。また、製造業にあっても事務能率・経営組織の改善、販売技術・方法の改良や販路の開拓、単なる製品デザインの考案、既存製品に対する特定の表示の許可申請のために行うデータ収集等の臨床実験等に係る費用は対象外とされている（国税庁ホームページ）。

［改善要望点］

2017 年度税制改正により製造業のみならずサービス業も試験研究費税額控除の対象事業とはなったが、"サービス開発"の定義が、大量なデータの収集と分析を前提としており、新金融商品開発等の必ずしも上記開発過程を採るとは限らない開発活動への適用の可否が明確ではな

い。また、金融商品は大量の取引データの事務処理システムの存在なくしては商品化が不可能であり、それらのシステム開発費用の取扱いも不明確である。

したがって、金融技術の開発促進を図るためには関連する金融業界、主管官庁、国税当局の三者間で協議し、使い勝手の良い試験研究費税額控除制度にすべきである。

③ 事前照会制度の充実化

課税に関する予測可能性が低いのはカントリーリスクの一種であり、新規の取引や商品に対する課税関係を課税当局に対して事前に確認できることは企業家及び投資家の双方にとって極めて重要なポイントである。

この事前相談、照会制度には、次の4形態が設けられている。

イ．タックスアンサー

納税者の定型的な疑問、質問事項とそれに対する回答を各種税目別にインターネット上で開示している制度である。

ロ．電話相談センター

納税者からの質問に対して電話で税務署の担当者が回答する制度である。上記イと同様に、経常的な質問事項に対応する制度であり、質問事項に固有の事実関係がある場合には、電話回答内容とは異なった結果となる可能性がある。

ハ．税務署での面接相談

納税者の管轄税務署へ相談事項に係る関係書類を持参して面接相談する制度である。上記イ、ロと異なり、税務当局に対する匿名性はなくなるが、納税者からの口頭情報だけではなく関係資料の検討もなされた上での回答であるため、確実性は高まる。

ニ．事前照会に対する文書回答

　国税庁は「税務上の取扱いに関する事前照会に対する文書回答について」という文書を公表し、2002年6月に採用された当制度の目的を"納税者サービスの一環として、個別の取引、事実等に係る税務上の取扱い等に関する事前照会に対する回答を文書によって行うとともに、その内容を公表することにより、同様の取引等を行う他の納税者に対しても国税に関する法令の適用等について予測可能性を与えること"としている（同事務運営指針）。文書回答は受付から3カ月以内を原則とするが、事案によっては3カ月を超える場合や文書回答がなされない場合がある。なお、質問と回答の内容は公表されるのが前提となっているが、質問者（事前照会者）名は同意がなければ公表対象外となる（図表3-7参照）。

　　［改善要望点］

　金融取引・金融商品の開発は日進月歩であり、かつ国際化・無国境化している。例えば、ブッキング地と異なる取引地、契約当事者とその損益帰属者の所在地の相違、取引開始地と異なる取引完了地等の各種金融技術を使った金融取引は今後増々増加してくると思われる。したがって、それら金融取引に対する課税関係の事前確認は、極めて重要である。

　2017年6月に事務運営指針の一部が改正され、近い将来に販売を予定している金融商品等に係る照会などは、照会対象外の「仮定の事実関係に基づく」照会ではなく、照会対象に該当することの明確化、公表される照会内容の照会依頼者との事前相談等、より活用しやすい制度に改められた。

　納税者による事前文書照会制度の積極的活用の促進と税務当局による柔軟な対応が望まれる。

図表 3-7　事前照会に対する文書回答の取扱い

文書回答の対象（全要件充足）	文書回答の対象外（例示）
・事前照会者自らが行う取引等に係る国税に関する法令の解釈・適用その他税務上の取扱いに関する事前照会 ・申告期限前（源泉徴収等の場合は送付期限前）の事前照会であること ・実際に行われた、または将来行う取引等で、個別具体的な資料の提出が可能なもの ・審査に必要な追加的資料の提出、照会内容及び回答内容の公表、公表等に伴い発生した不利益等は事前照会者の責任において関係者間で解決すること、に同意すること	・法令解釈・通達等でその取扱いが明らかにされている取引等 ・税の軽減を主目的とする照会 ・一連取引の一部分のみの照会 ・個々の財産の評価や取引等価額の算定・妥当性に関する照会 ・将来行う取引等に係る事前照会は、照会の前提とする事実関係に選択肢や仮定がある場合 ・提出された資料等だけでは事実関係が判断できず、実地確認や取引関係者への照会等による事実関係の認定が必要な取引等

（2）事業人材に対する税

　ここでは主として金融技術開発や資産運用業務に従事するために、日本に居住する外国人に対する課税関係に焦点を当てる。

①　相続税制

　2013年度税制改正により、日本に居住する外国人駐在員に対する相続税の課税範囲が拡大され、当該駐在員が日本で死亡した場合、日本国内外の全相続財産が課税対象となり、外国人駐在員から「日本では死ねない。」との風評が立ち、高度外国人材の受入れの阻害要因の1つとなった。これに対して在日の各国商工会議所等から経済産業省に改正要望が出された。

　これらを受けて、2017年度税制改正は「一時居住者・一時居住被相続人（一時居住贈与者）」という概念を導入し、相続税・贈与税の納税義務者及び課税範囲を次のごとくに改正し（相続税法1条の3、1条の4）、2017年4月1日以降の相続・贈与に対して適用することとした。

第３章　国際金融都市にふさわしい会計と税務 ▼

図表 3-8　日本に居住する外国人駐在員に対する相続税課税・新旧対照

改正後	改正前
日本国内に住所を有しない日本国籍の相続人に係る相続税等の納税義務に関して、被相続人及び相続人の双方が相続等開始前 10 年以内のいずれの時においても国内に住所を有していない場合は、国内財産のみを課税対象とする。	国内財産のみが課税対象となる国内に住所を有していない期間は、相続人・被相続人共に 5 年以上であった。(10 年に期間が延長されたことにより、国外居住日本国籍相続人に対する課税が強化された。)
被相続人及び相続人が「出入国管理及び難民認定法」別表第一の資格をもって一時的滞在（国内に住所を有している期間が相続開始前 15 年の間に合計 10 年以下）する者（即ち、「一時居住被相続人」及び「一時居住者」）の相続又は遺贈に係る相続税については、国内に住所を有しないものとみなして国内財産のみを課税対象とする。	・被相続人（国籍を問わず）が相続時に国内に住所を有している場合は、相続人の国籍、国内での住所の有無にかかわらず、国外財産も課税対象（「日本では死ねない。」の根拠）。
非居住外国籍相続人が相続開始前 10 年以内に国内に住所を有していた被相続人等（「一時居住被相続人」を除く。）から相続により取得した国外財産を相続税の課税対象に含める。	・被相続人（国籍を問わず）が相続開始前 5 年以内に国内に住所を有している場合は、日本国籍相続人は、国外に住所があっても国内のみならず国外財産も課税対象。 ・被相続人（国籍を問わず）及び日本国籍相続人がともに相続開始前 5 年以内に国内に住所を有していない場合は、国内財産のみ課税対象。

　この改正は相続及び贈与に対して同様に適用されるため、図表 3-8 での相続開始時・相続・被相続人・相続人・相続税という用語は、贈与にあっては各々贈与時・贈与・贈与者・受贈者・贈与税と読み替える必要がある。

　なお、「住所」とは、各人の生活の本拠となっている場所と定義されている（民法 22 条）。

　改正後の相続税（及び贈与税）の全体的課税関係は、図表 3-9 に示したとおりである。同図表における「非居住被相続人」とは、相続開始時には国内に住所を有さず、①相続開始前 10 年以内のいずれかの時に国内に住所を有し、かつ相続開始前 15 年以内に国内に住所を有していた期間の合

図表 3-9　2017 年 4 月以降の相続税・贈与税課税対象財産

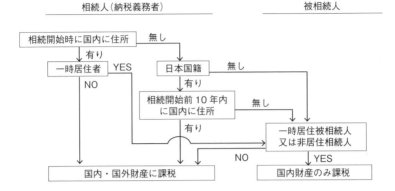

計が 10 年以下である外国籍の被相続人、または②相続開始前 10 年以内のいずれの時においても国内に住所を有したことがない被相続人、と定義されている。また、「一時居住被相続人」とは、相続開始時に在留資格及び国内に住所を有している①に該当する外国籍の被相続人と定義されている。

［改善要望点］

2017 年度改正により、一時居住者に対する相続税・贈与税の課税対象が国内財産に限定されることになり、高度外国人材の受入れへの相続税上の障害は緩和された。ただし、相続開始前 15 年間に合計 10 年以上の期間を超えて国内に住所を有していた外国人（即ち、一時居住者ではなくなった外国人）被相続人の相続財産は、相続人が相続開始時に国外に居住していた場合であっても、理論的には、日本から出国後最長 5 年間は、その国内・国外財産がともに日本で相続税の課税対象となることに変わりはない。

この外国人に対する相続税の課税体系を抜本的に変革するには、相続税上の居住者の判定を"居住期間主義"ではなく、アメリカ連邦遺産税

第3章 国際金融都市にふさわしい会計と税務

図表3-10 相続（贈与）における2重課税、課税漏れの構造

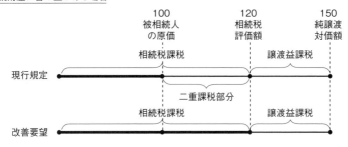

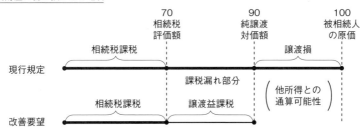

のごとくに、被相続人が日本に永住する意思を有していたか否かの"インテンション主義"に変更する必要があるが、この変更はかなり困難であると思われる。

相続税制で改善を強く要望する点は、外国人に限定されたことではないが、相続・贈与で相続人等が取得した財産の相続人等にとっての取得原価の問題である。現行制度では、被相続人・贈与者の原価及び保有期間を引き継ぐこととなるが、相続人等が当該財産を譲渡した場合、引き継いだ原価（それが不明の場合は、譲渡対価額の5％相当額）と譲渡対価額との差額に対して所得税が課されることとなり、税目及び税率は相違するが、相続税（贈与税）と所得税の二重課税となるケースが多い。

この二重課税を回避するためには、当該財産に対する相続税・贈与税の課税対象額をもって相続人・受贈者の取得原価とする措置が必要であ

る。当該措置を採れば、二重課税とともに、含み損のある財産に対する相続税等における低額評価と譲渡損の引継ぎという二重の課税上の恩典享受も回避可能となる（図表3-10 参照）。

②　外国人に対する国外財産調書

　2012 年度税制改正によって導入された国外財産調書制度は、罰則規定を含む厳しい制度である。当制度の主目的は、日本人による国外の不動産・預金・株式・保険契約等に対する投資の拡大に伴い、在外資産の把握を容易にすることであるが、日本に居住する外国人にも情報提供義務が課されている。

　報告義務者がある外国人は、過去 10 年以内において日本国内に住所または居所を有していた期間の合計が 5 年を超える者（非居住者、非永住者以外の居住者）である。

　所得税法は、外国人を含む個人を①非居住者、②非永住者、③居住者の3 種に区分し、各々の日本での課税対象範囲を定めているが、2006 年度の税制改正で「非永住者」の定義を従来の日本での居住期間が"継続して 5 年超"から（したがって、5 年経過直前に出国し、一定期間国外で勤務し、再度日本に 5 年弱居住することでこの要件への該当を回避できた）、"過去 10 年以内に合計 5 年以下"に変更（永住者の範囲を拡大）し（所得税法 2 条 4 号）、非永住者は日本国内源泉所得及び国内に送金された国外源泉所得を日本での所得税の課税対象とし、居住者（即ち、過去 10 年内に 5 年を超えて居住する者）は、その全世界所得が日本での課税対象となる（所得税法7条1項）。

　上記の報告義務者の範囲も、この所得税法上の居住者の定義に連動させている。

第３章　国際金融都市にふさわしい会計と税務 ▼

図表 3-11　所得税法上の永住者の定義

居住期間		2006 年改正前	改正後
0.6 年	4.3 年	非永住者	非永住者
4.6 年	3.9 年	同上	永住者
0.1 年	5.0 年	永住者	同上
0	5.0 年	同上	同上

10 年前　　　5 年前　　　現在

[改善要望点]

　この報告義務は所得税の居住者の課税範囲と連動しており、外国人に対する所得税法上の居住者の定義が変更（例えば、相続税のごとくに"過去 15 年以内に合計 10 年"）されない限り、面倒ではあるが義務を遂行する必要がある。

---

③　子弟教育費、家事労働者費用等の経費化

　海外駐在経験者もしくは海外駐在員を送り出している企業の人事担当者は実感としてお気付きであろうが、駐在員子弟の日本人学校に係る高額の費用負担である。これは日本に駐在する外国人にとっても同様の問題である。

　また、高度の能力を有する女性の活動の場を広げる趣旨から、保育を含む家事労働者費用・保育園等に要する費用に対する支援も必要である。これは外国人だけではなく、少子高齢化時代における人材有効活用の観点から日本人にも必要な措置であると考えられる。

[改善要望点]

　税務的には、これらの子弟教育費、家事労働者費用の課税対象所得からの控除措置が必要と考えられる。

なお、このような税制上の措置のみならず、公立の（即ち、費用が安い）国際スクールの増設措置も必要である。このような国際スクールにおいて、外国人生徒と日本人生徒を混在させることにより、若い日本人に国際感覚を体験させることも可能となる。

(3) 投資家に対する税

① 株式譲渡損益の通算

「金融一体課税」が言われて久しいが、これに逆行する税制が 2013 年度税制改正で導入され、2016 年 1 月 1 日から適用されることとなった。即ち、上場株式等の譲渡損益と非上場株式等（法文上は“一般株式等”）の譲渡損益通算を認めない措置である（租税特別措置法 8 条の 2、37 条の 10、11、12 の 2、13 の 2）。

　当該措置により、金融商品取引業者等を通じた上場株式等[注1]の譲渡損は、当該年度に生じた上場株式等に係る譲渡益及び同利子または配当所得（申告分離課税を選択したものに限る）とのみ相殺可能となるが、非上場株式等の譲渡益との相殺は不可能となった。配当所得と相殺後の上場株式等の譲渡損失額は、翌 3 年間繰越可能となり、繰越年度に生じた上場株式等の譲渡益・配当（利子）所得とのみ通算可能となる。なお、エンジェル税制の適用対象となる特定中小会社が発行する株式を払込により取得（ス

（注1）　上場株式等の定義は次のとおりであり、上場株式等以外の証券が非上場株式等である。
・金融商品取引所（外国の金融商品取引所を含む）に上場されている株式、投資信託受益権（ETF）、不動産投資法人投資口（RIET）
・受益権の募集が公募形式により行われている投資信託の受益権（公募株式等投資信託受益権、公募公社債投資信託受益権）
・特定公社債（国債、地方債、外国国債、公募公社債）
・2015 年 12 月 31 日以前に発行された公社債（同族会社が発行した社債を除く）

トック・オプションによる取得を除く）し、上場日の前日までに譲渡（親族
への譲渡を除く）したこと、または解散等により価値が喪失したことによ
る損失額は、非上場株式等ではあるが上場株式等の譲渡益との通算が可能
である。

　非上場株式等の譲渡損失に関しては、同一年度に生じた非上場株式等の
譲渡益とのみ通算可能となり、超過損失額の繰越も認められない。

　　[改善要望点]

　この税制改正により、個人による創業やベンチャー支援、事業再生支
援等のリスク資金提供の減退が危惧される。即ち、それらへの投資から
生じた損失が上場株式等の譲渡益と通算可能であれば、損失額の20％
は税により補填されることとなるが、本改正により通算不可となった。
さらに、このような投資は、上場株式等への投資と異なり、市場性が低
いため投資家が譲渡時期を自己の意思で決定するのが困難な場合が多
い。しかも継続的になされるケースは少なく単発的であり、損失が繰越
されても、3年間の繰越期間内に同種の譲渡益が生じる可能性は低く、
その場合には打ち切られる。即ち、非上場株式等の譲渡益のみ課税さ
れ、譲渡損は打ち切られその全額が当該投資家個人の負担となる可能性
が高い。

　図表3-12では、あえて4年間累計で株式の譲渡損益がゼロ、上場株
式等の配当（利子）所得が各年60の例で、① 2016年1月1日以降、②
2015年12月31日以前、③この改善要望によった場合の課税額を比較
してみた。①では課税額合計が1,540、繰越損失額はゼロ、②は各1,260
と140、③では各1,260と1,020となっている。③での損失繰越額1,020
が有効に将来の譲渡益と通算できれば、純課税額は、当例における純収
入額である240（各年の配当（利子）所得額と同額）となる。即ち、①及

101

図表 3-12　株式等の譲渡損益課税

	X 年 発生額	課税	X＋1 年 発生額	課税	X＋2 年 発生額	課税	X＋3 年 発生額	課税	累計額 発生額	結果
（1）2016 年 1 月 1 日以降（上場・非上場株式等の譲渡損益通算不可、上場株式譲渡損のみ繰越可）										
（上場株式等）										
譲渡益	1,000	課税	0	繰越	2,000	課税	700	繰越	2,700	課税 240
譲渡損	△800	260	△1,000	△940	△700	420	△1,200	△440	△2,700	繰越 0
配当金	60		60		60		60		240	打切 0
繰越額			0		△940		0			
（非上場株式等）										
譲渡益	1,000	課税	200	打切	0	打切	600	課税	1,800	課税 1,300
譲渡損	0	1,000	△1,000	△800	△500	△500	△300	300	△1,800	打切 △1,300
（2）2015 年 12 月 31 日以前（上場・非上場株式等の譲渡損益通算可、上場株式譲渡損のみ繰越可）										
課税額	1,260		0		0		0		1,260	
繰越額	0		△940		0		△140		△140	
打切額	0		△800		△80		0		△880	
（3）改善要望（上場・非上場株式等の譲渡損益通算及び繰越ともに可）										
課税額	1,260		0		0		0		1,260	
繰越額	0		△1,780		△1,620		△1,020		△1,020	
打切額	0		0		0		0		0	

び②では、非上場株式譲渡損の繰越不可による打切りの結果、純所得額以上の課税額となっている。

　また、多彩な新金融商品が市場へ登場し、金融取引の範囲が拡大し、近い将来に上場・非上場の区分が不明確なハイブリッド型金融商品が出現する可能性があると思われる。

　したがって、上記のごとき、個人によるリスクマネーの提供、新金融商品への対応措置として、上場株式等と非上場株式等の譲渡損益の通算を復活するとともに非上場株式等の譲渡損失を含めた超過損失額の繰越を認め、「金融一体課税」措置を充実させる必要がある。

　なお、エンジェル税制の適用申請に対する 2016 年 12 月 16 日から 2017 年 8 月 7 日までの約 9 カ月間における事前確認書交付企業数は 15 社であり（経済産業省ホームページ）、2012 年事務処理年度におけるエンジェル税制上の各種税恩典享受件数は延べで 200 件弱に止まっている（国税庁 資産税事務処理状況表）。起業促進のためにも、当該税制の適用条件を緩和し、件数を増加させる必要もある。

第３章　国際金融都市にふさわしい会計と税務　▼

②　金融取引損失の他所得との通算

不動産、事業、山林、譲渡の各所得の計算上生じた損失は、一定の順序で他の所得の金額から通算可能である（所得税法69条）。しかしながら、特定の居住用不動産を除く土地・建物等の譲渡損失等とともに、株式譲渡損失や先物取引に係る雑所得等の損失は、この損益通算の対象外となっている。

［改善要望点］

多額な個人金融資産中の現金・預金のリスクマネーへの投資転換をより積極的に促進するためには、上述した「金融一体課税」をさらに進めて、金融取引より生じた損失を発生年度及び繰越期間にわたり、例えば、年間100万円等の一定額を限度として各年度の他の所得との通算を認める必要がある。

なお、通算に際して、株式等の譲渡による所得に対する税率（所得税15％、住民税5％プラス2033年まで復興特別所得税として所得税額の2.1％）と他の総合課税の所得税率の差異を調整するためには、通算による税の節減限度額を金融取引からの益に対する税額に連動させるためには、次のごとき措置も考えられる。

"他の所得に対する所得税額 − 一定額の金融取引損失 ×15％（または、他所得に対する平均税率、いずれか低い率）"

この、一定額の金融取引損失の他所得との通算が認められると、図表3-12の(3)において"他所得との通算"としてX＋1年度からX＋3年度まで各年度一定額（例えば、100）が他所得と通算され、同額だけ損失繰越額が減少することになり、損失の回復を早期化させることとなる。

③ 組合課税

投資組合は、民法の組合規定に準拠した任意組合としてスタートした。しかし、任意組合の組合員は組合財産を共有するが、組合債務に対して組合員全員が無限連帯責任を負うため、外国法人及び非居住者の投資家（以下、「外国人投資家」）は任意組合の組合員になることに法的リスクを感じ、資金集めに困難をきたした（したがって、外国人投資家は国外でリミテッドパートナーシップ等の有限責任体を組成して日本株式に投資していた）。

そのため、1998年6月に「中小企業等投資事業有限責任組合法」が制定され、有限責任組合員（自己の出資額を限度とする組合債務に対する有限責任）の存在が認められる制度がスタートしたが、投資対象が中小企業の非公開株式のみに限定されていた。2004年4月にこの不便性を改善するために、「投資事業有限責任組合法」に改訂し、投資対象を中小企業だけではなく、大企業や公開株式にも拡大し、融資等も可能とした。

このように、投資組合制度自体の変遷があったが、その課税関係も大幅な変遷を経ている。

イ．当初は所得税・法人税に各2本の基本通達が存在するのみで、課税関係が不明確であり、国税当局と証券会社系の某ベンチャー投資会社間との合意により、一定要件を充足した組合については、組織体課税ではなく、組合員単位の課税が認められた。

ロ．2005年度税制改正により、日本国内で投資を含む事業活動を行う組合の外国人組合員は、組合が組合員の共同事業を目的として組成されたことから、国内に事業所等を有する業務執行組合員（原則として、無限責任組合員）や資産運用業者を1号もしくは代理人PE（Permanent Establishment：恒久的施設）とみなして、当該PEを通じて日本国内で事業活動を行っているものとして取り扱われることとした。外国人による日本法人株式の譲渡損益に対する課税関係を判定する国内法で定める25%・5%ルー

ル（事業譲渡類似株式譲渡）[注2]は、「特殊関係株主等」の概念の導入により組合単位で判定し、当該組合の財産・損益持分割合がたとえ5%の外国人有限責任組合員であっても当該組合が1銘柄の日本法人株式を25%以上（例えば、35%）所有しておれば、当該有限責任外国人組合員単位での持分割合は1.75%（＝35%×5%）であるにもかかわらず、当該組合の全体の持分割合である35%所有しているものとして取り扱うこととされた。

租税条約に定める株式譲渡損益に対する課税関係の定めへの適用の可否は、各外国人組合員の所在地国（持分割合は組合単位）との間で締結されている租税条約の定めが適用される（所得税法161条1項3号、同施行令281条1項4号及び4項3号、法人税法138条1項3号、同施行令178条1項4号及び4項3号）。その結果、日本と租税条約を締結していない国（中東諸国に多い）、株式譲渡損益を源泉地国課税としている租税条約締約国（タイ、中国、インド、マレーシア、ルクセンブルグ等）、25%・5%ルールを適用している条約締結国（イギリス、オーストラリア、シンガポール、韓国、フランス、オーストリア等）の居住者による出資は困難であった。

ハ．2008年度税制改正により、「独立的地位を有する代理人」が代理人PEの対象から除外され（所得税法施行令1条の2 (3)、法人税法施行令4条の4 (3) 括弧内）、また、この改正を受けて金融庁が国外ファンドとの投資一任契約による投資事業における独立代理人の要件を国税庁に照会し、OECDモデル租税条約のコンメンタールに基づく、図表3-13に示す3条件を適用することの了承を得た。

この改正により、海外の投資事業組合類似の投資ファンドが、国内の独

（注2）　当該外国人が譲渡前3年のいずれかの時に当該日本法人株式を25%以上所有し、当該年度において5%以上譲渡した場合、事業譲渡類似行為として当該日本法人株式の譲渡損益が日本での課税対象となる（所得税法施行令281条6項、法人税法施行令178条6項）。

図表 3-13　国外ファンドとの投資一任契約による投資事業における独立
　　　　　 代理人の要件

条件	独立性を阻害するケース
・**法的独立性**（代理人としての業務遂行に係る裁量権の確保） ・**経済的独立性**（代理人の企業家としての経済的リスク負担・享受） ・**通常業務性**（代理人として慣習的に行われている業務であること）	・投資一任契約で代理人に投資判断が一任されている部分が少なく、実質的に国外ファンドが直接投資活動を行っている。 ・代理人が国外ファンド GP 等の 100％ 子会社であること自体は問題ないが、役員の 2 分の 1 以上が同 GP 等の役員・従業員を兼務している。 ・代理人が収受する報酬が運用資産残高や運用利益に連動した報酬ではない。 ・代理人がもっぱら特定の国外ファンドとの取引に依存しており、事業多角化や他顧客獲得能力を有していない。

立的資産運用業者と投資一任契約を締結し、日本法人株式に対する投資活動を行っても、日本国内での課税関係は、日本国内に PE を有しないものとして取り扱われるものとなった。しかしながら、この改正を受けても「代理人の独立性の証明が必要であり、使い勝手が悪い」、「スキーム設定のコストがかかりすぎる」、「1 銘柄 25％以上の日本法人株式への投資に対する外国人組合員課税の問題が解決されない」等の理由で、あまり活用が進まなかった。

　ニ. 2009 年度税制改正により、投資事業組合契約等の特定の条件に該当する外国人組合員（特定外国人組合員）は、当該投資事業組合契約等に基づいて行う事業については、国内に PE を有しないものとして所得税法・法人税法を適用する特例措置が設けられた（租税特別措置法 41 条の 21、67 条の 16）。さらに、「特殊関係株主等」の範囲に関しても、規定の適用対象となる組合契約[注3]に係る他の組合員が特殊関係株主等から除かれ、25％・5％ルールが組合員単位で判定されることとなった（租税特別措置法施行令 26 条の 31、39 条の 33 の 2）。この改正は、従来は有限責任組合員を「共同事業者」とみなしていたものを、「投資家」とみなすことに

106

よるものである。

　以上の結果、日本法人を業務執行組合員とする投資事業組合等の25％・5％ルールに該当しない特定外国人組合員は、租税条約における定めに係わりなく、当該投資事業組合等において日本法人株式の譲渡により利益を得ても日本で課税されることはなくなった（所有期間が1年未満の株式、預金保険機構から取得した預金保険法に基づく特別危機管理銀行の株式譲渡損益を除く。租税特別措置法施行令26条の31第3項、39条の33の2第2項）。

　「特定外国人組合員」とは、当該投資組合契約の締結以来継続して以下の5条件の全てに該当する有限責任投資事業組合（外国の同様の組合を含む）の外国人組合員をいう。

　・投資組合の有限責任組合員であること。
　・投資組合事業に係る業務執行を一切行わないこと。
　・組合財産に対する持分割合が25％未満であること。
　・投資組合の無限責任組合員と特殊関係（特殊関係組合員）[注3]にないこと。
　・投資組合以外に日本国内にPEを有していないこと。

　「改善要望点」
　この2009年度税制改正により、投資事業有限責任組合（及び同様の外国の事業体）の多くの典型的な外国人有限責任組合員は、日本法人株式の譲渡損益に対しては、租税条約の定めによる救済措置がなくとも、日本での課税がなされないこととなった。

（注3）　ここにいう「特殊関係」とは、無限責任組合員と外国人組合員との間に、親族・家事使用人等の関係がある、組合員である外国法人の役員及び役員の特殊関係者である、発行済み株式の又は議決権の50％超を保有する関係にある法人・株主及びそれらの関連者である関係をいう。

図表 3-14 特定外国人組合員の課税関係

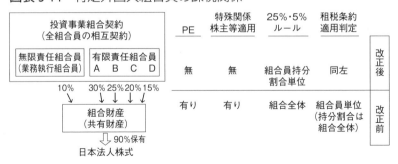

 改善要望点としては、当該措置を租税特別措置法上の特例措置ではなく、本法（所得税法、法人税法）上の取扱いとすべきである。なお、「業務執行組合員の業務執行」の範囲の詳細が明確になっていないとの指摘があるが、経済産業省がこの改正に関連して、「業務執行として政令で定める行為を行わないこと」の判定に関する文書を公表しており、その内容については国税庁の確認を得ているので参考になる。

 まとめ

 本章においては、日本の産業構造変化、少子高齢化に対応し、なおかつ日本経済を維持・発展するためには、金融資産（特に個人が所有する現金・預金）の有効活用が必要であり、そのために日本における会計基準の国際化、金融技術開発者・資産運用業者の育成と『貯蓄から投資へ』とリスクマネーを提供する投資家の育成を促進するための税制に言及した。

 会計基準の国際化、即ち、国際会計基準の採用は、財務数値、提供情報の同一基準化による国外企業との比較可能性、公開性を確保するとともに、企業にとっても同一基準による国外関連会社の財務情報の収集を可能

にする効果がある。また、資産運用業者にとっては海外からの資金調達のためにも、国外の同業者と同一基準による情報公開を行うことによる公明性確保の必要性に言及した。

税制に関しては、日本の実効法人税率が米国を除き、他の主要金融都市が所在する諸国に比して高率であり、資産運用業者を含む外資の日本進出の障害の1つとなっている。米国では連邦法人税率の軽減が検討されており、世界的な税収奪合戦、換言すれば、外資誘致・新規事業促進となっている。

これは諸国が租税収入の基礎となるパイとしての課税ベースである企業・国民の富をいかに増大させるかの競争であり、日本もこの流れに巻き込まれている。

したがって、「国際金融都市・東京」を実現させるためには、東京都自体の努力による資産運用業者誘致のための税制上のもしくは助成金による促進策の導入は当然のことながら、さらに法人実効税率の大部分を占める国税における措置が必要であると思われる。

国税上の措置としては、法人税を含む税率の軽減が最も効果的であるが、現今の財政状態においては困難であれば、少なくとも本章に記したごとき諸点の検討が望まれる。

また、税制上の問題点として取り上げた事項には、近時の税制改正で問題点が解決もしくは軽減された事項も多く、現時点では外資等の誤解に基づく「障害」もある。外資導入の道案内を行う、金融機関、弁護士、会計士、税理士、その他のアドバイザーも、そのような誤解を訂正する努力が必要である。

第4章

資産運用業者の育成のための Emerging Managers Program（EMP）

一般社団法人国際資産運用センター推進機構（JIAM）
有友圭一
岩倉友明
Jason Bellamy
Jim Lee

1 EMP（新興資産運用業者育成プログラム）の必要性

(1) 資産運用プレーヤーの誘致・育成に係るこれまでの取組み（アジアの金融センターとしての東京の凋落）

　現在、東京都の下で進められている国際金融都市・東京構想の柱の一つは、東京における資産運用ビジネス高度化である。図表4-1のような日本のインベストメント・バリュー・チェーンを再構築するうえで、資産運用ビジネスに関する競争力の向上は、避けて通れない課題となっている。

　そのアプローチとして、既存の国内資産運用プレーヤーの競争力向上に

図表 4-1　資産運用ビジネスの競争力向上の必要性

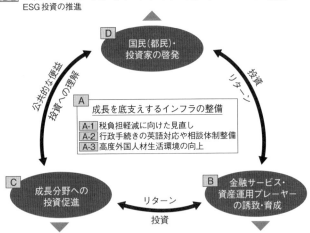

出所：東京都「国際金融都市・東京のあり方懇談会」第8回資料「国際金融都市・東京のあり方懇談会 最終とりまとめ（案）」

112

第4章　資産運用業者の育成のためのEmerging Managers Program（EMP）

期待することは重要であるが、同時に、海外からの資産運用プレーヤーの誘致、国内での起業促進を通じて、東京に新たな資産運用プレーヤーを増やすことも重要である。

アジアにおいて、資産運用プレーヤーの誘致・育成にいち早く先手を打ったのは、シンガポールである。2000年代初頭から、税制優遇措置、業規制緩和、公的年金改革、新興運用者（Emerging Manager、以下「EM」）育成策を次々と打ち出した。2005年から2014年までの間で、受託資産残高（以下「AuM」）ベースでの平均成長率は14.3%、従業員数（運用プロフェッショナルのみ）ベースでは約1,300人から約3,300人へと増加している（図表4-2参照）。

我が国においても、資産運用プレーヤーの誘致・育成策の重要性に関し

図表4-2　資産運用プレーヤーの誘致・育成における日本・シンガポール比較

シンガポール	日本
【AuM】 ・2,400十億SGD（≒194兆円） ・10年平均成長率：14.3%	【AuM】 ・232兆円 ・10年平均成長率：5.4%
【業者数】 ・NA	【業者数】 ・249社（05年）→735社（14年）
【従事者数（運用プロフェッショナルのみ）】 ・1,299人（05年）→3,312人（12年）	【従事者数】 ・8,316人（05年）→1.3万人（14年）

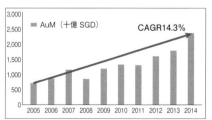
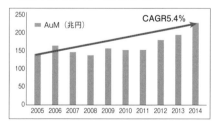

CAGR = Compounded Annual Growth Rate （平均成長率）
出所：日本証券業協会等「資産運用等に関するワーキング・グループ」第4回資料「新興運用者の育成について」（みさき投資株式会社代表取締役社長　中神康議）

ては、早い時期から認識されていた。2007年の内閣府「金融・資本市場ワーキンググループ」では、シンガポール・香港の躍進、アジアの金融センターとしての東京の地位低下を背景として、資産運用力強化の必要性が指摘され、海外プレーヤーの誘致、プロ投資家向けビジネスに限定したライセンス創設、公的年金の運用自由度拡大、法令の英訳促進等が提言されている。

これらの提言が施策として具現化したものもあるが（例えば、2011年における適格投資家向け投資運用業の特例制度に係る金商法改正）、シンガポールのように、実効性のある施策をパッケージとして具現化できたとは言い難い状況である。

(2) JIAMによるアセット・マネジメントからの「声」調査

この状況下において、東京が取りうる施策を考えるにあたり、一般社団法人国際資産運用センター推進機構（The Consortium of Japan International Asset Management Center Promotion: JIAM）は、約200社の海外資産運用プレーヤー等に対して、東京進出を検討するにあたっての主なニーズをインタビュー調査した。なお、1990年代後半の金融ビックバン構想以降、我が国において繰り返されてきた、東京国際金融センターに関する検討において、海外主要金融都市の現場の生の声を収集するとの事実関係の確認が行われた形跡は見当らない（図表4-3参照）。

① 優遇税制

シンガポールや香港における、ファンド設立・運営にあたっての税制優遇策との比較から、東京でビジネスを行う場合の、法人所得税、個人所得税等の高さを指摘する声が聞かれる。また、日本の相続税に関しても課題が多く、多くの外国人が日本居住を躊躇する理由にもなっている。

114

第４章　資産運用業者の育成のための Emerging Managers Program（EMP）

図表4-3　海外資産運用会社の「東京進出」に対するニーズ

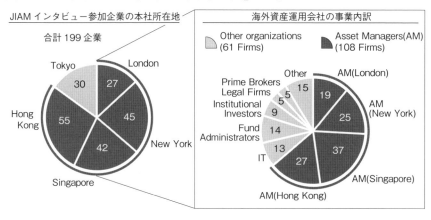

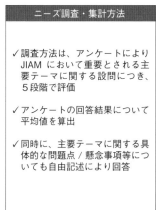

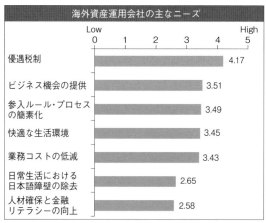

出所：JIAM

② ビジネス機会の提供

EMにとって、国内アセット・オーナー（公的年金、準公的年金、生損保等の資金の出し手）への参入障壁が高いこと、EMとアセット・オーナーのマッチング機会が少ないこと、日本進出に際する市場調査行為についての規制が不透明であるとの声が聞かれる。

③ 参入ルール・プロセスの簡素化

主要金融都市に比較して、ライセンス取得に要する期間が長く、要求される人員体制が多いことを指摘する声が聞かれる。また、日本でのライセンス取得を試みた資産運用会社からは、日本語かつ紙媒体での資料提出という、日本特有の手続き（海外主要金融都市では、オンラインにて手続きが可能であることが多い）に負荷がかかることを指摘する声が聞かれる。

④ その他

この他、主要な声としては、日本に居住することの生活コストの高さ（海外主要金融都市と比較すると日本での生活コストは必ずしも高くなく、印象論で指摘していることが多い）、英語のできる専門人材（特に資産運用関連法規制に精通したミドル・バック人材）の採用コストの高さを指摘する声が聞かれる。

(3) 東京版 EMP の必要性

こうした調査から浮かび上がるのは、国内外問わず指摘される、資産運用会社のスタートアップの困難、育ちにくさという問題に加え、日本特有の法規制・商習慣の難しさが、海外資産運用会社の東京進出の大きな足枷となっているという問題である。これらは、国内での運用会社の起業についてもあてはまる問題である。

資産運用ビジネスの成立のためには、①トラックレコード、②フロント・ミドル・バックの各スタッフとシステムを含めた一定の運営体制、③運営コストをカバーするための一定の AuM、④軌道に乗るまでの一定期間を耐えるためのコスト余力が必要となる。他のビジネスに比較しても、成立要件が高いことから、「自由競争に委ねていては、市場の失敗が起きやすい事業特性」と指摘されることもある[注1]。

第 4 章　資産運用業者の育成のための Emerging Managers Program（EMP）

　これに加えて、日本で資産運用ビジネスを成立させるためには、国内アセット・オーナーの要求水準を満たす高い信用力、日本特有の規制やアセット・オーナーへのレポーティング要件に合致したシステムの整備、ライセンス取得のための期間の長さ等、様々な特有の要件を充足する必要がある。

　資産運用ビジネスの事業特性からくるスタートアップの困難、育ちにくさという問題は、海外でも指摘されている。こうした問題は、長期的には自国の資産運用競争力の低下という結果をもたらすため、特にアセット・オーナー側からは深刻な問題として認識されているようである。

　こうした問題を解決するため、EMP（新興資産運用業者育成プログラム）により、EM を育成する取組みがなされている例が、海外では見受けられる。東京版 EMP 構想は、海外の EMP を参考としたうえで、EM にとっての日本特有の参入障壁についても可能な限り対応策を EMP の設計の中に組み込み、海外運用プレーヤーの東京進出、国内運用プレーヤーの起業の後押しとしようというものである。

2　海外における EMP

(1) 海外における EMP の概要

　EMP は、米国の公的年金基金が 1990 年代に開始したものであり、現在のところ、米国以外にはシンガポール、フランス等で見られる。ただし、内容を分析すると、目的、プログラムの主体（プログラム・オーガナイ

（注 1）日本証券業協会等「資産運用等に関するワーキング・グループ」第 4 回資料「新興運用者の育成について」（みさき投資株式会社代表取締役社長　中神康議）8 頁

図表 4-4　海外 EMP の比較

◆諸外国における EMP スキームの比較

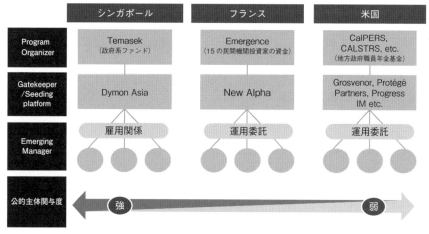

出所：東京都「国際金融都市・東京のあり方懇談会」第 7 回資料「国際金融都市・東京における EMP 等の導入に関する主な考慮事項」（JIAM 理事　有友圭一）

ザー）、ゲートキーパー（シーディング・プラットフォーム）と EM との関係等において異なり、ここでは、米国、シンガポール及びフランスの EMP を紹介する。

(2) 米国における EMP

米国の EMP は、1991 年に有色人種比率の高かったカリフォルニア州政府の意向を受け、同州公的年金である CalPERS がマイノリティ運用者の支援プログラムを開始したものが始まりである。前述のとおり、資産運用ビジネスは新規参入が難しい事業特性がある中で、CalPERS の取組みにより新規参入が増加し、EM の発掘による高い収益性の確保といった、アファーマティブ・アクション（マイノリティー優遇政策）を超えたビジネスメリットが認識され、徐々にカリフォルニア州以外の公的年金に広がりを見せることとなった。

第4章　資産運用業者の育成のための Emerging Managers Program（EMP）

図表4-5　米国におけるEMP

アセットオーナー	開始時期	投資金額 （全体）	投資金額 （EMP）	エマージングマネジャー （EM）の主な要件
カリフォルニア州 職員退職年金基金 （CalPERS）	1991年	$301B 2015年6月 末時点	$12B 2015年6月 末時点（全体 の4.0%）	（Global Equityについて） ・運用会社残高20億$以下 ・トラックレコードの期間指定 なし
ニューヨーク州 職員退職年金基金	1994年	$178.6B 2016年3月 末時点	$5.6B 2016年3月 末時点（全体 の3.1%）	（Public Equityについて） ・運用会社残高20億$以下 ・トラックレコードの期間指定 なし
ニューヨーク市 公務員年金基金 （NYCERC）	1991年	$167B 2015年6月 末時点	$12B 2015年6月 末時点（全体 の7.2%）	（Public Equity / Fixed Income について） ・運用会社残高20億$以下
テキサス州 教職員退職年金基金	2005年	$134B 2016年8月 末時点	$2B 2016年8月 末時点 （全体の1.5%）	特に明記なし
ノースカロライナ州 職員退職年金制度	2013年	$104.8B 2016年6月 末時点	上限 $0.5B	・運用会社残高1億$以上20億 $以下
イリノイ州 投資委員会（ISBI）	2009年	$15.8B 2015年6月 末時点	全体の 20%以下	・運用会社残高1,000万$以上 100億$以下

出所：東京都「国際金融都市・東京のあり方懇談会」第3回資料「新興資産運用事業者の育成
～シードマネーの供給とEMP～」（一般社団法人日本投資顧問業協会会長　岩間陽一
郎）　※JIAMにて一部追記

　現在では、公的年金としては、カリフォルニア州職員退職年金基金（CalPERS）、ニューヨーク州職員退職年金基金、ニューヨーク市公務員年金基金（NYCERC）、テキサス州教職員退職年金基金、ノースカロライナ州職員退職年金制度、イリノイ州投資委員会（ISBI）の他、エンダウメント（財団）として、W.K.ケロッグ財団、イリノイ州立大学基金等においてもEMPが運営されている。

　EMPの内容は各アセット・オーナーによって異なるが、CalPERSを例にとると、2013年6月基準で外部委託している運用資産の約13%がEMPによるものである（CalPERSの外部委託運用資産は全体の約30%）。また、

119

EMPが対象とするアセット・クラスは、株式、債券、プライベートエクイティ、不動産、ヘッジ・ファンド等があるが、上場株式（約110億ドル）、不動産（約90億ドル）、プライベートエクイティ（約80億ドル）が多い。EMの定義は、AuM20億ドル以下、トラックレコードの要件なしとしているが、各EMには7,500万〜1.5億ドルを配分する例が多いようである。

　上記のように、米国では、地方政府系年金基金等により運営されるEMPが多くみられるが、年金基金等そのものの内部にCIO（最高運用責任者）やポートフォリオマネジャーを含む、堅牢な運用体制が構築されている。米国の年金基金によるEMPを東京都でも採用することの提案も聞かれるが、一朝一夕に米国のこれら年金基金等と同等のアセット・オーナーとしての運用体制を構築することは困難であると思われる。さらに、米国のアファーマティブ・アクションを前提としたEMPは、そもそもEMの層があまり厚くない東京において、現時点では目的が必ずしも合致しない。

　なお、アメリカではEMPを卒業した後も、TMP（Transition Manager Program）として公的年金の出資を優先的に受けるプログラムも存在する。CalPERSにおけるTMPは1社当たりのAuM残高が20億ドルのAuMを超えており、TMPという名のもとに優遇的な措置を受けることの必要性について賛否両論である。TMPはEMの成功を確実にするためには不可欠だという意見もあるが、シーダーが優秀なファンド・マネジャーを抱え込むために恣意的に生み出した利己的な手段だとの批判も聞かれる。

（3）シンガポールにおけるEMP

　2014年5月に、シンガポールの政府系ファンドであるTemasekは、

EM に対する初期投資（シーディング）を専門とする資産運用会社である Dymon Asia に対して 5 億米ドル規模の運用を委託し、さらにこのうち、5 千万米ドルから 2 億米ドル規模のシードマネーを EM に運用委託している。さらに、Dymon Asia は 2017 年 10 月にさらに 6 億米ドルの追加運用委託を発表している。

都市国家であるシンガポールの場合、政府主導でこのような大規模なシーディング・プログラムを迅速に実行することが可能である。

EM は 7 年間 Dymon Asia との雇用契約を結び、運用に必要なミドル・バック業務支援を受ける。このプログラムの目的は明確に公表されていないが、関係者によると高いリターンの実現を優先しており、必ずしも人材育成に重点がおかれているわけではないようである（したがって EMP ではなく、単なるシーディング・プログラムであるという解釈もある）。

（4） フランスにおける EMP

フランスでは、Emergence と呼ばれる EMP が、Paris Europlace の下で運営されている。Paris Europlace は、パリ市やフランスの金融機関等によって 1993 年に設立された金融プロモーション組織であり、パリの金融センターの育成を主な目的としている。この組織は、EMP 運営機能のほか、海外金融プレーヤーの誘致、FinTech の育成、リサーチ、政策提言等の機能を持つ。Emergence の目的は、投資家に対し、最も有望なフランスの独立した EM へのアクセスを提供すること、としており、米国のようなアファーマティブ・アクションの目的は含まれていない。

Emergence は、生命保険会社等 15 機関のフランスの機関投資家がシードマネーの供給者となり、当初 4.5 億ユーロのシード総額でスタートした。投資戦略としては、Absolute Return（2.5 億ユーロ）と Long Equity Return（2 億ユーロ）となっており、合計 12 社の EM が参加している（ス

図表 4-6　フランスの EMP「Emergence」の概要と実績

◆ EMERGENCE の概要

設立	2012 年
シードマネー総額	450M ユーロ
シードマネーの供給者	主にフランスの 15 の機関投資家 ・ACMN （Insurance） ・AG2R La Mondiale （Insurance） ・Aviva （Insurance） ・BNP Paribas Cardif （Insurance） ・CAVP （Pension Fund） ・Caisse de Dèpots （Public Financial Institution） ・CMNE （Crèdit Mutuel Nord Europe） ・CNP Assurances （Insurance） ・EDF （Electric utility company） ・Macif （Insurance） ・Malakoff Mederic （Insurance） ・Matmut （Insurance） ・Neuflize Vie （Wealth management） ・Prèpar （Insurance） ・UMR （Pension Fund）
シードマネーのアロケーション	・Absolute Return 250M ユーロ ・Long Equity Return 200M ユーロ
2017 年 6 月 30 日時点での実績	・Emergence 全体の IRR ＝ 9.39％ ・AuM 規模は約倍増 ・12 社中 9 社は順調に成長している

◆ EMERGENCE の実績

Absolute Return

（単位：％）

AM	Expertise/ Style/Asset Classes	YTD*	ITD**
Eiffel Investment Group	L/S Credit	-1.30	+14.17
KeyQuant	Managed Futures	-2.80	+0.65
Eiffel eCapital	Crowd Funding	+2.45	+4.20
ERAAM	Risk Premium/ Multi-asset	+2.02	+6.62
ABC Arbitrage	Arbitrage	+6.10	+11.11
Laffitte Capital	Arbitrage	-1.31	-1.28

Long Equity Return

（単位：％）

AM	Expertise/ Style/Asset Classes	YTD*	ITD**
Focus AM	European Equities	+7.91	+27.73
Financière Arbevel	European Equities	+13.68	+43.19
Talencce Gestion	European Equities	+12.19	27.01
Finaltis	Smart Beta	+10.75	-0.76
Fideas Capital	Smart Beta	+4.72	+4.87
La Financière Responsable	Socially Responsible Investment	+9.47	+13.98

*2017 年 6 月 30 日時点での Year to Date
**2017 年 6 月 30 日時点での Inception to Date

出所：東京都「国際金融都市・東京のあり方懇談会」第 7 回資料「国際金融都市・東京における EMP 等の導入に関する主な考慮事項」（JIAM 理事　有友圭一）

122

第 4 章　資産運用業者の育成のための Emerging Managers Program（EMP）

図表 4-7　EMERGENCE の構造

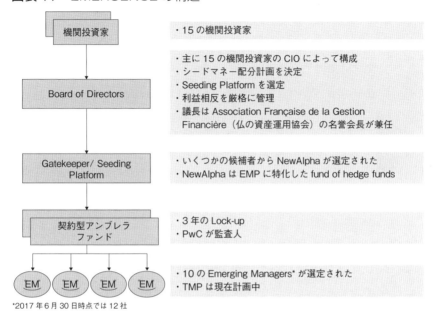

*2017 年 6 月 30 日時点では 12 社

出所：東京都「国際金融都市・東京のあり方懇談会」第 7 回資料「国際金融都市・東京における EMP 等の導入に関する主な考慮事項」(JIAM 理事　有友圭一)

タート当初は 10 社)。2017 年 6 月 30 日時点でみると、AuM は約倍増しており、2 つの投資戦略の全体での内部収益率（Internal Rate of Return: IRR）は約 9.4％、EM12 社中 9 社は順調に成長している。

　Emergence の構造を見てみると、意思決定機関として取締役会（Board of Directors）があり、シードマネーを供給した 15 機関の機関投資家の最高投資責任者（Chief Investment Officer: CIO）によって構成されている。取締役会では、シードマネーの配分計画の決定、シーディング・プラットフォームの選定、EM のリスクとリターンのモニタリングを担っており、フランスの資産運用に係る業界団体である Association Française de la Gestion Financière の名誉会長が議長を兼任している。EM の選定、ファンド運営の実務を担うシーディング・プラットフォームには、現地におい

123

てEM投資に特化したFund of Funds (FoF) であるNewAlphaが選定されている。

以下の理由から東京版EMP構想においては、①人材育成に注力していること、②官民連携で運営していること、から、フランス型のモデルが米国やシンガポールの事例よりも参考になると思われる。

3 EMを取り巻く主なプレーヤー

(1) EMとシーダーの関係

EMPの実現に際しては、EMや機関投資家を含むアセット・オーナーのみならず、「目利き役」かつ指導者としてのシーダーまたはゲートキーパー、プライムブローカー、ファンド・アドミニストレーター、カストディアンなどの様々なプレーヤーとの協業が必要となる。

これらのプレーヤーの中にも様々な専門性やビジネスモデルが存在する。これらのプレーヤーを組み合わせて全体最適を実現し、かつ個々のプレーヤーのビジネスを尊重することが公的EMPを取りまとめる上で、重要かつ困難なポイントとなる。

また、言い換えれば、EMを育成することで、EMを支援するためのエコシステムが整備されることとなり、EMPは資産運用産業の発展させる上で極めて重要な施策であると言える。

EMPエコシステムで中心的役割を果たすのが、シーダーである。シーダーの選定を誤れば、EMP全体が機能不全に陥る。なぜなら、シーダーには以下の機能が期待されるからである。

・EMの発掘
・アセット・オーナー（機関投資家、ファミリーオフィスなど）への拠

第 4 章　資産運用業者の育成のための Emerging Managers Program（EMP）

請要出

・EM に対する指導、教育、投資、独立支援、信用補完

シーダーは通常 FoF やマルチ・マネジャー・ファンドを営んでいる資産運用会社が担うことが多いが、様々なビジネスモデルが存在する。

まず、シーダーと EM の関係は以下の 3 形態が存在する。

① 　独立運用者型：EM に対してエクイティー投資を実施する。ベンチャーキャピタル投資と類似している。この形態においては EM が運用者となる。

② 　サブアドバイザー型：EM はシーダーに対する助言を提供するサブアドバイザーという役割で契約を締結する。この形態においては、実質的にはポートフォリオマネジャーであるが法的には EM は助言者でしかない。

③ 　被雇用型：EM はシーダーの被雇用者となる。ただし、EM はポートフォリオマネジャーとの機能を果たす。

それぞれの選択肢の EM にとっての長所と短所は、図表 4-8 のとおりである。

さらに、シーダーには、EM 育成に力を入れるタイプと、EM をあまり育成せず短期間で入れ替えるタイプが存在する。

シーダーにとっては EMP に関与することで、様々な利点がある。

・優秀な EM の早期発掘による高いリターンの実現と投資枠の確保：資産運用業は初期段階に超過リターン（アルファ）を実現できることが多い。また、早い段階から関与することで、資産運用者に対する枠を優先的に確保することができる。

・PE 的キャピタルゲイン：エクイティ出資をする際、将来資産運用会社が上場する際に、エクイティの価値向上を実現することができるが、上場を目指すヘッジ・ファンドは必ずしも多くない。

125

図表 4-8　シーダーと EM の関係・長所と短所

シーダーと EM の関係	EM にとっての長所	EM にとっての短所
独立運用者型	●独立が実現している ●トラックレコードが明確である	●ライセンス取得、ミドル、バックオフィス機能を持つための負荷が高い
サブアドバイザー型	●助言ライセンスは比較的取得しやすい ●ミドル、バックオフィス機能の負荷が軽い	●ポートフォリオマネジャーとしてのトラックレコードとは必ずしも言えない
被雇用型	●ミドル、バックオフィス機能の負荷がほぼかからない	●独立は容易ではない（シーダーにとって優秀な EM を独立させるインセンティブはない） ●トラックレコードが EM 個人に帰属しにくい

・レベニューシェア：EM とシーダーとの間で収入をシェアリングする
契約をするパターン。一般的に、新設資産運用会社からは将来的に
シーダーが出資したファンドの規模が増加する可能性もあれば、運用
対象となるファンドの数及び規模が増える可能性もある。

　人材育成が重要な目的となる東京版 EMP においては、EM 育成に主眼
を置き、かつ独立を支援するシーダーを選定することが重要である。

（2）シーディング・ビジネスの発展経緯

　歴史的には、シーディング・ビジネスの起源としては、FoF 型、マル
チマネジャー型、プライムブローカー型の 3 種類がある。起源を理解する
ことで、それぞれのプレーヤーの得手・不得手領域が明確になる（図表
4-9）。

第４章　資産運用業者の育成のための Emerging Managers Program（EMP）▼

図表 4-9　シーディング・ビジネスの起源と発展

シーディング・ビジネスの起源	発展の経緯
FoF 型	1940 年頃からヘッジ・ファンドは存在したが、本格的にヘッジ・ファンド・ビジネスが拡大したのは 1980 年頃からである。発展の過程で様々な投資戦略を持つヘッジ・ファンドが台頭し、それらの投資戦略を組み合わせ商品化したのが FoF である。FoF としての目利き力を利用して、トラックレコードは短いが潜在的能力の高いファンド・マネジャーを発掘し、投資するビジネスがシーディング・ビジネスの一形態である。
マルチマネジャー型	ヘッジ・ファンド・マネジャーとしての成功者が自らの運用キャパシティーを拡大するために、他のファンド・マネジャーを採用またはファンドを買収し育成することで、多数のファンド・マネジャーを抱えるヘッジ・ファンドが台頭するようになった。 　前述の FoF 型と比較し、マルチマネジャー型ではファンド・マネジャーを雇用する場合が多い（前項の被雇用型）。
プライムブローカー型	1980 年代より、ブローカービジネスの発展形として、ヘッジ・ファンドに対して投資家紹介、貸し株、オフィススペース提供、リスク管理業務請負など、包括的なビジネスが誕生し、ヘッジ・ファンド・ビジネスの拡大と共に、投資銀行の間でプライム・ブローカー・ビジネスが拡大した。 　このプライムブローカーから発展したシーディング・ビジネスも存在するが、2008 年の金融危機や米国における Volcker Rule（Dodd-Frank Wallstreet Reform and Consumer Protection Act）の施行により、投資銀行による自己勘定取引およびヘッジ・ファンド投資が急速に縮小したことで、現在では、プライムブローカー型シーディング・ビジネスは存在感が薄れた。そもそも、プライムブローカーは一般的にファンド・マネジャーとしての経験はなく、EM に対する目利き力や人材育成能力には限界があるとも言われている。

東京版 EMP の目的

これまで記載のとおり、東京版 EMP が必要である理由は、①日本経済におけるインベストメントチェーンの再構築のうえで、資産運用競争力の向上が必要であること、②そのためには、海外資産運用プレーヤーの誘致、国内資産運用プレーヤーの起業促進等を通じた、新興運用者の育成が重要であること、である。ここでは、東京版 EMP の目的についてさらに具体的に展開する。

東京版 EMP は、図表 4-10 のとおり、EM、投資対象、アセット・オーナーの三者間での資金のスムーズな循環の実現を狙いとする。EM 参加者には、東京でのビジネスを行うにあたって必要となる運用資金が配分されることになるが、EMP の経済合理性の実現の観点から、個人または会社としてのトラッキングレコード等の運用技量に係る様々な要件を充足する

図表 4-10　東京版 EMP の狙い

出所：東京都「国際金融都市・東京のあり方懇談会」第 7 回資料「国際金融都市・東京における EMP 等の導入に関する主な考慮事項」(JIAM 理事　有友圭一)

第4章 資産運用業者の育成のための Emerging Managers Program（EMP）

必要がある。また、シーディングを行うアセット・オーナーや東京都の政策的観点からは、投資対象についてどのような要件を設定するかも、今後の検討課題となろう。

EM が生み出した超過リターンは、アセット・オーナーに還元される。EM は、パフォーマンスの向上という形でアセット・オーナーに貢献するのみでなく、アセット・オーナーを構成する根源的な資金の出し手である家計（年金受給者、生命保険受給者を含む）との間で、投資対象の社会的価値・意義を共有するとの役割が期待される。アセット・オーナーと EM との間では、Disintermediation（仲介レイヤーの簡素化）が期待される。日本における仲介レイヤーの多層構造は、新興運用者育成にとってコストの増加という形でハードルとなっており、業界構造の変化をもたらすことが期待される。

また、東京版 EMP では、経済合理性と社会的意義のバランスをとるこ

図表 4-11　東京版 EMP における経済合理性と社会的意義のバランス

・EMP の導入に当たっては、経済合理性のみならず、EM 等の育成という社会的意義も踏まえながら両者のバランスをとることが必要

・小規模かつ新興の独立系資産運用業者の育成
・東京の経済活性化　等

・個人としての実績
・会社としての実績
・全体ポートフォリオの中での運用戦略・スタイルの整合性と最適化
・自己資金
・独力で資金を集められるか　等

出所：東京都「国際金融都市・東京のあり方懇談会」第 7 回資料「国際金融都市・東京における EMP 等の導入に関する主な考慮事項」（JIAM 理事　有友圭一）

とが極めて重要である（図表 4-11 参照）。

5 東京版 EMP のインフラ整備

（1）ファスト・エントリー制度

　EM にとってのハードルの 1 つは、金商法ライセンスの取得までの期間の長さとなる。ライセンス申請のためには、金融庁から公表されている「金融商品取引業者等向けの総合的な監督指針」等を踏まえたうえで、一定の業務執行体制を整備する必要があり、その整備・維持コストを負担したまま、ライセンス取得準備期間を乗り越えなければならない。

　この点、金融庁は既に対応をスタートしており、2017 年 4 月 1 日、海外金融事業者からの日本拠点開設に係る相談窓口として「金融業の拠点開設サポートデスク」を開設し、年金基金など日本のアセット・オーナーからの運用受託が見込まれ、日本に拠点を開設する蓋然性の高い案件等の事案について、迅速な対応「ファスト・エントリー」を目指すこととしている。

　既に、英国の大手資産運用業者の日本法人が従来の半分程度となる、初回金融庁面談から 3 カ月弱の期間で投資運用業ライセンス等の登録を完了していることが公表されている。

　東京版 EMP に参加する国内外 EM についても、金融庁と連携し、金商法ライセンス取得期間の短縮を目指すことが望まれる。

（2）ミドル・バック業務支援

　EM が独立してビジネスを営むためには、ミドル・バック機能が大きな負担となることが多い。その理由は以下のとおりである。

第4章 資産運用業者の育成のための Emerging Managers Program（EMP）▼

① ほとんどの EM は運用経験はあるが、ミドル・バック業務の経験はない。

② ミドル・バック業務を遂行するためには、情報システム環境を構築する必要があり、コストがかかる。特に、日本では他国と比較し、以下の理由からミドル・バック業務の負荷が大きい。

・公的年金・基金などアセット・オーナーごとの報告要件が異なり、データではなく、規定様式の報告書として提出する必要がある。

・資産運用者とカストディアンとの間で日々の純資産価値（Net Asset Value: NAV）の突合が義務付けられており、1円単位まで突合を資産運用会社に義務付ける商習慣がある。

・上記の報告要件や NAV の突合を支援するためのアプリケーションを提供できるベンダーが限定的である（結果的に、資産運用会社にとっての価格交渉力が低い）

・他国と比較し、ミドル・バック業務を提供できる事業者および人材が少ない

・アウトソースが認可されている業務範囲が明確に定められていない

上記の理由からも、EMP の一環としてミドル・バック業務支援体制を構築することが重要である。さらに、アセット・オーナー、規制当局、業界団体と連携し、日本固有の商習慣の必要性を継続的に見直し、参入障壁を軽減する必要がある。

東京都として、ミドル・バック業務のプラットフォーム支援策を検討する際、発注システム（Order Management System: OMS）などのグローバル標準も考慮する必要がある。

(3) マッチング

海外アセット・マネジャーからの「声」によると、日本ではアセット・

オーナーとのコミュニケーションの機会が限定的であると言われている。したがってマッチングイベントが求められている。JIAM では、以下のようなマッチングイベントを定期的に開催している。

・複数のアセット・オーナー、複数の EM、海外資産運用者、金融監督当局、資産運用業関係の協会が集まり、お互いの投資理念や、マクロ経済環境などについて意見交換をする
・また、日本の資産運用業界における課題や参入障壁について意見交換する

国内でこのようなマッチングイベントが増えることが望まれる。

6 東京版 EMP 実現に向けた論点

国内における公的 EMP の第一弾として、東京都は東京版 EMP 設立の準備を進めている。既に、2017 年 6 月 9 日に発表した「国際金融都市・東京」構想骨子においても、EMP に関連した以下の施策を発表している。

・EMP 認知向上セミナー
・機関投資家と EM のマッチングイベントの開催
・金融庁と連携した EM に対するライセンス取得支援
・ミドル・バック業務を外部委託する際の支援

一方、EMP 実現に際しては、図表 4-12 のような論点を詰める必要がある。

東京版 EMP の導入により、官民連携による資産運用業育成が促進され、国民にとって多様化された健全な投資・運用が可能となることが期待される。EM の成長を支援することで、資産運用ビジネス環境が整備され、国際金融都市・東京の進化が促されることを期待する。

第4章 資産運用業者の育成のための Emerging Managers Program (EMP)

図表 4-12　東京版 EMP 実現に向けた論点

分類	論点
ガバナンス	●機関投資家との連携をどう図るか。 ●ガバナンス体制をどのように構築するか。 ●東京都の役割をどう定義するか。
シーダー	●シーダーの選定基準は何か。 ●シーダーを何社選定するか。 ●シーダーを複数社選定する場合の役割分担は何か。 ●一社のシーダーに対し何人（何社）の EM を担当させるべきか。
EM	●アセット・クラスや投資戦略の幅をどこまで拡大するか。 ●適正なシードマネーのサイズ（チケットサイズ）は何か。なお、チケットサイズが小さいと、優秀なマネジャーやシーダーからの魅力が低くなり、固定コスト比率が高くなり、アルファの創出が困難になる。 ●EM は投資一任ライセンスに限定するか、助言ライセンスも可能とするか。 ●パフォーマンスの低い EM との契約解除条件をどう定義するか。
その他	●ファンド構造をどう設計するか。 ●EM のリスク管理をどう実現するか。

第4章　参考文献

・『山を動かす』研究会編「ROE 最貧国日本を変える」（日本経済新聞社）
・日本証券業協会等「資産運用等に関するワーキング・グループ」第4回資料「新興運用者の育成について」（みさき投資株式会社代表取締役社長　中神康議）
・東京都「国際金融都市・東京のあり方懇談会」第3回資料「新興資産運用事業者の育成　〜シードマネーの供給と EMP 〜」（一般社団法人日本投資顧問業協会会長　岩間陽一郎）
・東京都「国際金融都市・東京のあり方懇談会」第7回資料「国際金融都市・東京における EMP 等の導入に関する主な考慮事項」（JIAM 理事 有友圭一）
・東京都「国際金融都市・東京のあり方懇談会」第8回資料「最終とりまとめ（案）」
・東京都「国際金融都市・東京」構想骨子（東京都政策企画局）

第4章(補)

米国における新興運用者育成プログラムの導入状況

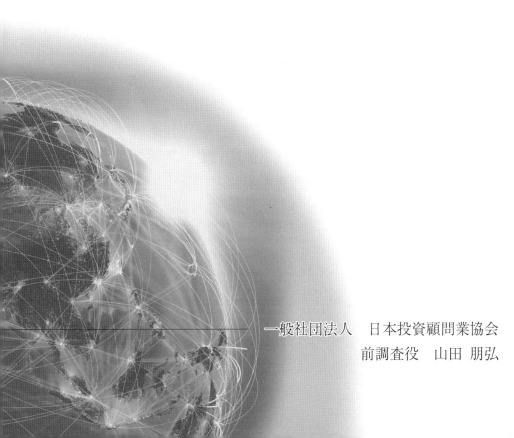

一般社団法人　日本投資顧問業協会
前調査役　山田　朋弘

① 調査経緯

　日本投資顧問業協会（以下「当協会」）は、2014年9月に、日本証券業協会、日本取引所グループ、投資信託協会と共に「東京国際金融センターの推進に関する懇談会」を設置した。同懇談会は、証券界・資産運用業界として、日本の強みや国際金融センターとしての役割・課題を検討・整理し、その実現に向けた取組みを推進、支援するために設置されたもので、2015年9月に「東京国際金融センターの推進に関する懇談会報告書^(注1)」を公表した。同懇談会報告書では、政府・東京都に要望すべき取組みの1つとして、日本版「新興運用者育成プログラム（Emerging Manager Program :EMP)」の創設を提言し、加えて、東京の国際金融センター化のためには資産運用業の強化が最重要課題であると整理した。

　これを受け、当協会は、日本証券業協会及び投資信託協会と共に「資産運用等に関するワーキング・グループ」を2015年9月に設置した。当ワーキング・グループは、我が国の資産運用業の国際競争力強化を図るとともに、投資家の中長期的な資産形成につながる投資商品の提供のための方策について、証券界・資産運用業界として業界横断的に検討を進め、2016年6月に「資産運用等に関するワーキング・グループ報告書^(注2)」を公表した。

　同ワーキング・グループ報告書では、新規資産運用会社等の参入促進に関する今後の取組みとして、東京都・金融庁・民間事業者等により構成さ

（注1）　http://www.jsda.or.jp/katsudou/kaigi/chousa/TIFC_kondankai/tokyo_hou-kokusho.pdf
（注2）　http://www.jsda.or.jp/katsudou/kaigi/chousa/TIFC_kondankai/shisan_hou-kokusho.pdf

第４章(補)　米国における新興運用者育成プログラムの導入状況 ▼

図表　米国における資産規模上位 10 公的年金の EMP 導入状況

	年金基金	総資産額 （億＄）	EMP 導入 の有無
1	California Public Employees' Retirement System	3,025	○
2	California State Teachers' Retirement System	1,932	○
3	Florida State Board of Administration	1,805	
4	New York State Common Retirement Fund	1,781	○
5	New York City Retirement Systems	1,631	○
6	Teacher Retirement System of Texas	1,332	○
7	Washington State Investment Board	1,085	
8	New York State Teachers Retirement Syetem	1,051	○
9	State of Wisconsin Investment Board	1,021	
10	North Carolina Retirement Systems	893	○

出所：Emerging Manager Monthly 2017 年 1 月号より、当協会作成

れる検討会（その後、東京都が、2016 年 11 月に「国際金融都市・東京のあり方懇談会」を設置）に協力し、本ワーキングで示された新規運用会社参入における課題等を共有し、新規運用会社の参入促進のための課題解決に向けた検討を行うこととされた。

　また、当協会は、内外の新興資産運用会社や高度金融人材にビジネス機会を提供する観点から、米国の公的年金等で導入されている EMP に関する調査を行い、当該調査結果等を関係者間で共有することとされた。これを受け当協会は 2017 年 4 月に、米国において EMP の実態把握を目的とした調査を行った。EMP は、「新興運用者育成プログラム」と訳されているが、このプログラムの導入主体はアセットオーナーであることから、実態調査のための訪問先は米国の公的年金が中心となった。なお、米国の公的年金における EMP の導入については、1990 年代から取り組まれている

が、図表に示すとおり、資産規模上位 10 公的年金のうち、EMP を導入しているのは 7 基金となっている。

 ## EMP 導入の目的

　従来の米国資産運用業界では白人男性が太宗を占めており、白人男性以外（マイノリティ：例えば、黒人やヒスパニック、アジア系など）は運用資金の獲得が難しいという問題があった。一方、米国の公的年金基金の多くは、資産運用業者に対し、白人男性以外にもチャンスを与えるべきと考えており、上述の問題を解決すべく、マイノリティが投資運用事業を始める際の資金提供という観点から、EMP が約 20 年前に大手公的年金基金を中心に導入された。導入している公的年金によって細かなガイドライン等の違いはあるものの、州政府によって管理されている仕組みはほぼ同一である。

　このように、EMP は、一般的に MWBE（Minority and Women's Business Enterprises）と同義であると解釈されることがあるが、訪問した公的年金では、必ずしも EMP が MWBE であると言い切ることはできないという整理をしている声が多かった。

　例えば、カリフォルニア州では、特定グループのみに投資（または、資金提供）すること（即ち、マイノリティへの投資）が法律上で禁じられており、人種・国籍・性別の公平性という観点からマイノリティに限定した EMP を導入することができないことから、新しいアセットマネジャー（Emerging Manager：EM）の発掘を対象とした EMP を導入している。EM の採用は、（既存のアセットマネジャーを含めた）アセットマネジャーの分散を図ることができることに加え、EM が良好なパフォーマンスを上げ成長することが受益者に有益であるという観点から、EMP を導入してい

第 4 章(補) 米国における新興運用者育成プログラムの導入状況

る公的年金も存在しているとのことであった。

　EMP 導入の目的については、リスク調整後リターンの獲得、次世代の育成、の 2 点に集約することができる。特に、次世代の育成については、設立間もない若い成長の見込める EM を見つけることが大変重要であるとの声が多かった。その他では、成熟したアセットマネジャー（Established Manager：ある程度の運用資産を有する既存のアセットマネジャーの意）よりも安いフィーで運用を委託できる、といった声もあった。

EM 採用の際の重視項目　―パフォーマンスと新規マネジャーの育成（Cultivate）―

　EMP において、EM を採用する際に最も重視する項目としてパフォーマンス実績（トラックレコード）を上げる声がほとんどであった。EM に対しては、既存の（大手）アセットマネジャーよりも良好なパフォーマンスを期待して採用しているとの声が多かったが、実際には一部の EM を除いて、その期待に応えられていないのが現状である。加えて、日本でも同様だが、前職から移籍／独立（スピンオフ）した EM（の運用チーム）が、必ずしも前職で運用していたトラックレコードを引き継げる保証がない（前職の会社がトラックレコードの引継ぎを認めない限り使用できない）こともあるとの声もあった。

　しかしながら、大手アセットマネジャーに偏らず、アセットマネジャーの分散化・多様化を図る観点から EM を採用し、将来のメインパートナーとなるように EM を育成（Cultivate）する意義が大きいと考えている公的年金は多く、EMP を導入することによって、目の届きにくい EM にアクセスできるきっかけとなるようであった。

　今回の実態調査を通じて、アセットオーナー（あるいは後述のゲートキーパー）が、前職からスピンオフしたばかりの EM を評価する際、トラック

139

レコードと同じくらい（場合によってはそれ以上に）重要な項目は、チーム内の人間関係（信頼関係）であると考えていることが確認できた。米国の場合、EM 自身が自己資金を投入しているケースが多く、かつ、ファンドレイジング（Fund Raising）に相当な日数を要することなどから、EM を評価・採用する際には、(EM 以外の) 大手アセットマネジャーの採用と異なり、EM がチームとしてどのような絆で結ばれているかといった、チーム構成を重要視しているという声が多かった。

 ## ゲートキーパーの重要性と FoFs スキームの活用

　実態調査を行った全ての公的年金で、EMP に関するゲートキーパー（ファンド・オブ・ファンズ（FoFs）マネジャー）を採用しており、ゲートキーパーには、EM の発掘やデューデリジェンスに加え、EM への教育・指導（運用面・経営面）能力等も期待するなど、EMP におけるゲートキーパーの存在意義が高いことが確認できた。

　米国のアセットオーナーの課題の 1 つとして、人材の不足がある。上述のとおり、EMP の導入により、多くの EM に目が向き、さらに、ゲートキーパーの採用で、EM の発掘及び育成が可能になるとの声が多かった。

　一般的に、独立したばかりの EM は、運用者としては優秀かもしれないが、経営者としての能力は未知数であるため、アセットオーナーは、ゲートキーパーを選定・評価する際、EM に対する教育・指導（運用面・経営面）能力も選定基準の 1 つとしているようである。加えて、一部のアセットオーナーでは、ゲートキーパーに EM の投資委員会へ出席してもらい、アセットオーナーの意向を EM へ伝えてもらうような取組みを実施しているところもある。

　EMP では、ゲートキーパーを採用する際、FoFs スキームを活用した

投資を行っているとの声が多かった。FoFs スキームについては、フィーの二重計上（FoFs のゲートキーパーにフィーを払い、さらに EM にもフィーを払う意）を問題視して、最終的には EMP 自体を廃止したアセットオーナーも存在したようである。

しかし、今回訪問した公的年金では、もし、FoFs スキームから直接投資に切り替えた場合、アセットオーナーにおいて相当数のスタッフ・労力を要するだけでなく、EM への教育・指導（運用面・経営面）等のスキルが新たに必要となり、必ずしもコストの削減が可能とは限らないのではないかとの声が多かった。

このように、今回訪問した公的年金では、FoFs スキームが有意であると考えており、フィーの二重計上という問題があったとしても、ゲートキーパーの活用を通じて、ゲートキーパーと共に、将来、成熟したアセットマネジャーとなるような EM を育成していきたいと考えていることが確認できた。

5　資産クラスの特徴と考え方

EMP が対象としている資産クラスは、多くの場合、上場株式、プライベート・エクイティ（PE）、不動産であった。特に PE では、上述した EM の運用チームの人間関係（信頼関係）を最重要視しているとの声が多かった。EMP における資産クラスの選定は、各公的年金の置かれている状況（例えば、要求されているパフォーマンス水準や州議会／受益者等からの要請事項等）や、資産クラスごとのアセットマネジャーの現状、過去の取組内容などを考慮して行われている。EM のパフォーマンスがアウトパフォームし続けることは決して簡単ではないため、EMP では、「今後、運用の質の向上を図り、かつ、アセットマネジャーの分散を図りたい資産ク

ラスを特定した上で、その資産クラスの運用に特化したEMをどのように育成していくのか」という観点を考慮した設計が求められるとのことであった。

 ## 日本におけるEMP導入への示唆

　今回の調査では、米国におけるEMPの実態把握を中心に行ったが、今後日本でEMPを導入するとした場合の留意事項等に関する参考意見についても聞くことができた。

　日本でEMPの導入を見据えた場合、まず、アセットオーナーが導入の目的を明確化することが重要であるとのことであった。特に、日本では、人種やマイノリティがキーワードとなり難いため、パフォーマンスを重視したEMの発掘といった目的でないと、EMPの導入は難しいのではないかとの意見が多かった。EMPを導入することにより、新規マネジャーに資金が供給され、発展していくという好循環が生まれることが重要ではないかとの指摘があった。

　加えて、EMP導入の成否は、優秀なEMをどれだけ集められるのかにかかっているのではないかとの声もあった。具体的には、日本に（運用担当者やマネジメント層に）女性のアセットマネジャーがもっと増えればより変革が進むのではないかといった意見もあった。優れたパフォーマンスには多様性が不可欠ということは論を俟たず、多様性を担保する仕組みが重要であるとのことであった。

　その他では、「今後、運用の質の向上を図り、かつ、アセットマネジャーの分散を図りたい資産クラスを特定した上で、その資産クラスの運用に特化したEMをどのように育成していくのか」、あるいは「どの資産クラスに優秀な運用者が多いのか」、との観点で導入の検討を行うのが望

ましいとの声もあった。

　日本においても、資産運用業の強化がかつてないほど求められている中、当報告が日本においてEMPの導入を検討する際に参考となれば幸いである。

第5章

金融イノベーションの
　　環境整備・フィンテック促進

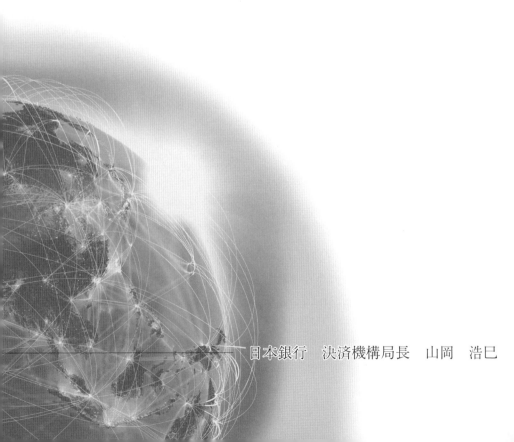

日本銀行　決済機構局長　山岡　浩巳

フィンテック発展を促す意義

(1) フィンテックへの世界的な関心―金融包摂、社会的課題の解決など―

　現在、「フィンテック（FinTech）」と呼ばれる、新しい情報技術を活用した金融イノベーションが、世界中で注目を集めている。

　フィンテックへの期待は、単に「金融サービスを新しい技術で便利にする」ことにとどまらない。例えば、これまで金融サービスの国民への浸透が十分でなかった途上国や新興国でも、現在、スマートフォンは爆発的に普及している。この中でフィンテックは、従来の銀行店舗や預金口座などに代わり、スマートフォンなどを新たなアクセスの媒体とすることで、これらの国々の人々にも金融サービスを一気に普及させ、世界の「金融包摂（financial inclusion）」を大きく進めるポテンシャルを持っている。現在、FinTechに対し、BIS（国際決済銀行）やFSB（金融安定理事会）だけではなく、G20や、世界銀行のような開発金融機関も大きな関心を持っているのは、こうしたことを背景としている。

　さらに先進国でも、フィンテックは、さまざまな社会的課題の解決に金融面から貢献し得るものと捉えられている。例えば、少子高齢化が進むもとでますます重要な課題となる、高齢者の金融取引のサポートや詐欺被害の防止などに、生体認証や人工知能（AI）が役立ち得ることが考えられる。また、AIによるビッグデータ分析を用いた迅速な信用リスク評価や安価な送金サービスの導入などを通じて、女性や移民、中小企業などが、貸出や送金などの金融サービスに、よりアクセスしやすくなることなども期待されている。

　現在、東京を含め、世界の主要都市における金融振興の取組みの中で

も、フィンテックは大きな柱と位置付けられている。これも、フィンテックが、金融サービスの向上や経済の活性化に加え、人々の広範な生活の利便性向上や各種の社会的課題の解決に貢献するものと捉えられていることを反映している。すなわち、フィンテックは、従来「一般の人々とは距離が遠い話」と捉えられがちであった（また、そのことが結実を妨げていた）金融振興の議論を、人々にとって身近なものにし、議論を成果に結び付けていく上でも、重要な意味を持っている。

(2) 金融イノベーションとしてのフィンテックの特徴

① フィンテックの技術的背景など

これまでも金融には、ATM導入や金利自由化、規制緩和（英国の「ビッグバン」など）、証券化といった、さまざまなイノベーションや変化が起こってきた。しかしながら、現在のフィンテックへの世界的関心には、これらへの関心をさらに上回るものがある。この背景としては、フィンテックが複数の、しかも、「マネー」や「帳簿」、「情報処理」といった金融の根幹に影響を及ぼし得る、大きな技術進歩を背景としていることがあげられる。フィンテックの背景となった技術革新は、大まかに以下の3つに分類できるが、いずれも、2008年のリーマン・ショックに端を発するグローバルな金融危機の前後に、ほぼ同時に起こっていることも特徴である。

イ．ブロックチェーン・分散型台帳技術（DLT）

まず1つ目は、2008年に公表された「サトシ・ナカモト論文」により、仮想通貨「ビットコイン」の基盤技術として登場した、ブロックチェーンや分散型台帳技術（Distributed Ledger Technology, DLT）という「分散型」の情報技術である。この技術は、仮想通貨に限らず、さまざまな記録の管理など、幅広い応用の可能性があると期待されている（例えば、不動産や宝飾品、絵画などの所有・移転の管理や、貿易金融への応用など）。

ロ．人工知能（AI）・ビッグデータ

　2つ目は、人工知能（AI）とビッグデータであり、両者は一体となって発展を遂げてきている。

　AI自体は数十年前から開発されていたが、この中で「ディープ・ラーニング」と呼ばれる分野は、2010年前後から急速な発展を遂げている。一方で、インターネットやSNS、eコマースなどの発達により、経済社会に発信されるデータの量は飛躍的に増加し、その集積も進んでいる。GoogleやAmazon、Alibabaといった、現在時価総額で世界の上位にある企業はいずれも、巨大プラットフォームを通じて収集したビッグデータを付加価値や収益の源泉としており、そのAIによる活用にも取り組んでいる。

ハ．スマートフォン

　3つ目は、スマートフォンである。2007年のiPhone発売以来、スマートフォンは世界中で爆発的に普及し、現在では金融サービスを含め、さまざまなサービスの媒体となっている。今や、スマートフォンアプリの開発は、ビジネスの主戦場となっている。

　また、グローバルな金融危機の後、世界的に金融規制が強化され、さらに米欧で金融機関への公的資本投入が行われたことなどを受け、金融分野に新業態が参入しやすい環境となったことも、フィンテック拡大の一つの背景となったと考えられる。

② フィンテックの金融へのインパクト

イ．金融サービスの「グローバライズ」

　前述のように、これまで銀行店舗や預金口座といった金融インフラが十分に浸透していなかったアフリカやアジアなどの新興国・途上国でも、今

第5章　金融イノベーションの環境整備・フィンテック促進 ▼

やスマートフォンや携帯電話は急速に普及している。これを受け、新興国や途上国の人々も、これらのツールを通じて金融サービスにアクセスできるようになり、金融サービスの普及が一気に進むチャンスが生まれている。実際、スマートフォンなどを媒体とする「モバイルペイメント」の中には、中国のWeChatPayやAlipay、ケニアのM-Pesaのように、各国の支払決済において圧倒的なプレゼンスを占めるものも現れている（例えば、WeChatPayやAlipayは、最近2〜3年間に、利用者数を数億人規模で急速に増加させている）。

　また、AIやビッグデータを用いた信用リスク評価などを通じて、女性や移民、中小企業など広範な主体が、貸出や送金などの金融サービスに、よりアクセスしやすくなることも期待されている。このように、フィンテックは、これまで金融サービスに十分アクセスできなかった人々も含め、世界中の人々に金融サービスを届けられる潜在力を持っている。

ロ．金融サービスの「パーソナライズ」

　また、フィンテックは、AIやビッグデータ、スマートフォン、生体認証などを通じて、それぞれのユーザーに合わせて金融サービスを「カスタマイズ」、「パーソナライズ」できる可能性も広げている。

　金融の新たな媒体となっているスマートフォンや携帯電話は、もともと「一人一台」の性格が強いツールである（一方、PCは当初は「一家に一台」という性格が強かった）。このため、これらを媒体として金融サービスを提供しようとすれば、「一人一人に合わせたサービス」を考えざるを得ない。

　加えて、AIによるビッグデータ分析や生体認証なども、女性や中小企業など幅広い借り手に対応できる迅速な信用リスク評価や、高齢者の金融取引の安全確保などを通じて、「一人一人に合わせたサービス」をサポートする技術となり得る。さらに、クラウドファンディングやP2P（ピアトゥピアレンディング（個々の貸し手と借り手を直接結び付ける形で行われる与信））は、

149

資金の出し手にとって、「自分の出すお金がどう使われるのか」について
のコントローラビリティを高め得るものである。

　このようにフィンテックは、「世界中の全ての人々に、各人のための金
融サービスを提供」できる可能性を拓くものといえる。言い換えれば、
フィンテックは金融サービスのさらなる「民主化」を進めるポテンシャル
を持っている。

ハ．金融サービスの「バーチャル化」

　スマートフォンやインターネット、クラウドなどを組み合わせることに
より、今や、店舗やATM、中央電算センターなどの物理的なインフラを
持たなくても、金融サービスの提供が可能になっている。実際、海外で
は、このような形で金融サービスを提供する企業が次々と登場している。

③　フィンテックの経済へのインパクト

イ．金融包摂などを通じた経済の活性化

　前述のように、フィンテックの発展を通じて、途上国や新興国の人々や
女性、移民など、より幅広い人々が金融サービスにアクセスできるように
なれば、従来は支払手段の制約などから利用できなかったさまざまなサー
ビス（例：途上国における通信教育や通信販売）も、より利用しやすくなる
と考えられる。これにより、サービスの提供側にとっても、また利用者に
とっても、新たな経済的発展の機会が与えられることになる。

　また、インターネットを通じた中古品売買などでは、売り手は買い手に
とって見ず知らずの人であることが多い。このため、「夜間や週末でも、
また少額の支払いにも使え、相手方にクレジットカード番号を教えずに済
むキャッシュレス決済手段」が求められやすい。米国においてeBay（イ
ンターネット上の中古品売買サービス）とPayPal（キャッシュレス支払決済サー
ビス）が並行して発展したことが示すように、先進国でも、新産業と新し

第5章　金融イノベーションの環境整備・フィンテック促進　▼

い金融サービスとが、相互に影響を及ぼし合いながら進む事例が多い。

ロ．新たな産業間ネットワークの形成（シェアリングエコノミー、IoTなど）

　フィンテックの潮流の中、ITやeコマース、ソーシャルネットワーク関連、スタートアップ等多様な企業が、新たに金融分野に参入している。

　銀行は自らのバランスシートを使って、預金を受け入れ、支払決済と信用仲介の両方のサービスを提供しているが、新たに金融分野に参入するフィンテック企業は、これらの金融サービスを分解（アンバンドル）し、特定の分野に特化してサービスを提供する事例が多い。例えば、夜間や週末もできる安価な支払決済サービスや国際送金サービスの提供に特化し、与信は行わないフィンテック企業や、自分のバランスシートを使わず、資金の出し手と取り手を繋ぎ合わせるP2Pレンディング企業、迅速かつ安価な投資アドバイスを、スマートフォンアプリを通じて提供する企業などがあげられる。

　また、フィンテックの潮流の中で金融サービス分野に新規に参入する企業の中には、預金ではなくビッグデータなどを核として、eコマースやシェアリングエコノミー、レンタルビジネスなど広範なビジネスと金融サービスとを合わせて提供することに、新たな「範囲の経済」を見出す事例もみられる（例えば、中国のAlibabaは、人々の生活全般を向上させることが企業の目的であり、金融はあくまでその一部に過ぎないとして、「我々がやろうとしているのは、FinTechではなくTechFin」と述べている）。

　この中で、シェアリングエコノミーやIoT（Internet of Things）など、多様な経済活動と金融との新たなネットワークが形成されつつあることも、フィンテックの1つの特徴といえる。例えば、シェアリングエコノミーなどの新たなビジネスは、スマートフォンアプリを通じて「検索」、「予約」、「支払」、「評価」などが纏められることで、発展が可能になったものといえる。

151

④　東京・日本の課題とフィンテック

　フィンテックは、東京、さらにはさまざまな日本の課題を解決していく上でも有益なものとなり得る。

イ．金融サービスの利便性向上・効率化、経済活性化

　まず、フィンテックが金融サービスの利便性向上や金融の効率化、金融を含む広範な経済活動の活性化に繋がり得ることは言うまでもない。これは、「生産性向上を通じた成長率の引上げ」という、日本の経済課題の解決にも資するものといえる。

ロ．「貯蓄から投資へ」、フィデューシャリー・デューティー、ESG 投資

　フィンテックは、日本のもう一つの重要な政策課題である「貯蓄から投資へ」という流れを支援する役割も果たし得る。

　「貯蓄から投資へ」の流れを進める上での障壁として、一般の人々は資産運用サービスについて「敷居が高い」、「リスク資産運用は高額金融資産保有者が行うこと」と受け止めやすいこと、また、先行きのライフプランなどに照らして、手持ちの金融資産のどの程度をリスク資産投資に回してよいのか、独力では判断が難しいことなどがあげられる。この点、スマートフォンアプリや AI を用いて、安価かつ利便性の高い形でポートフォリオの把握や資産運用アドバイスなどを提供する「家計簿サービス」や「ロボアドバイザー」は、人々が「どの程度の資産をリスク運用に充てられるのか」、「どのような運用戦略が望ましいか」を把握する手助けをし、「貯蓄から投資へ」の流れを健全な形で後押しすることにも寄与し得る。これはまさに、フィンテックと資産運用がオーバーラップする分野といえる。

　また、「貯蓄から投資へ」という流れを促す上では、資産運用業者が"フィデューシャリー・デューティー"を遵守すること、また、そのことへの人々の信頼がしっかり確保されることも重要となる。この点でも、プログラム上フィデューシャリー・デューティーが組み込まれたロボアドバ

イザーと人間の業者との健全な競争を通じて、資産運用業界全体としてのフィデューシャリー・デューティー遵守を確保していくことが一考に値しよう。

同様に、「ESG投資の促進」といったテーマを巡っても、そうしたプログラムを組み込んだロボアドバイザーと人間とを競わせていくことが考えられる。

いずれにせよ、情報技術革新の中、今後の資産運用のあり方を考えていく上で、AIなどによる判断と人間の判断をいかに有効に組み合わせていくべきかは、避けて通れない課題といえよう。

ハ．少子高齢化社会への対応

さらに、日本のもう1つの課題である「少子高齢化社会への対応」という点でも、フィンテックは貢献を果たし得る。

すなわち、フィンテックは、高齢者が物理的に銀行店舗等に来店しなくても、広範な金融サービスにアクセスすることを可能とする。また、金融サービスの利用が、セキュリティの高い生体認証や暗号技術などでサポートされれば、高齢者が数多くの暗証番号やパスワードを覚える負担が軽減される。さらに、AIを用いて不審な取引をチェックすることで、高齢者などを金融犯罪から守っていくことも考えられる。

ニ．社会的問題解決への参画

前述のように、フィンテックを通じたクラウドファンディングやP2Pレンディングは、人々が「自らのお金がどう使われるのかに積極的に関わっていく」という意味での、「金融の民主化」という意義も持っている。また、デジタル情報技術を通じて、お金を届けたい人に確実にお金を届け、意図したとおりに利用させることなども、従来に比べて行いやすくなってきている。

この中で、例えば自然環境保全を企図した「グリーン・ファイナンス」

への参加や、海外も含めた被災地の支援など、フィンテックは、人々が社会的問題の解決に主体的に関わろうとする行動を、金融面からサポートする機能をも果たし得ると考えられる。

2 金融イノベーションを生み出す環境作り

フィンテックを東京で発展させていく上では、東京の長所や課題を冷静に見極めた上で、具体的な方策を考えていくことが求められる。

(1) フィンテックを推進する上での東京の利点

① 巨大な経済圏─企業や大学の集積、大消費地─

まず、東京の長所としては、東京自体が巨大な経済圏を抱えており、金融業に加え、IT企業やスタートアップ企業も含めた多種多様な企業が数多く集積していることがあげられる。

前述のとおり、フィンテックの潜在力の1つは、金融と広範な企業・ビジネスとの「ネットワーキング」にある。この点、東京に多様な企業が集積していることは、これらの有機的な連携・協業を通じてフィンテックのメリットを発揮させていく上で、大きなアドバンテージとなり得る。

また、フィンテックを発展させていく上では、情報関連の科学技術やロボティックスなど、広範な技術分野における学界との協力も有益である。このような学界との協力は、革新的プロジェクトのPoC（Proof of Concept：新しい概念やアイディアが実現可能であることを示す試み）や実証実験にとっても重要といえる。この点、東京には世界的に評価の高い大学や研究所も数多く立地しており、このことも、フィンテック発展にとってメリットとなり得る。

さらに、東京は都内だけで1,000万人以上の、さまざまなライフスタイ

第5章 金融イノベーションの環境整備・フィンテック促進 ▼

ルを持つ人々が住まう、巨大な消費地でもある。このことは、金融に対する多様なニーズの源となる。さらに、これらの人々の間にインターネットやスマートフォンは広く普及しており、ITリテラシーも総じて高い。

② 金融システムへの信認・信頼

日本の金融システムは、グローバルな金融危機の中でも総じて健全性を維持してきている。このこともあって、日本では、金融分野に新規参入しようとするフィンテック企業やスタートアップ企業が、既存の金融機関と連携・協調しようとする機運が強い。このような連携・協調がスムーズに進めば、新しい技術を応用したフィンテック型金融サービスを提供していく上で、既存の金融機関への人々の信認・信頼を利用できることになる。

③ インバウンド観光と2020年東京オリンピック・パラリンピック

東京を訪れるインバウンド観光客は年々増加しており、このことも、東京の金融サービスに対する多様なニーズに繋がり得る。また、これらの人々が東京の金融サービスに対して抱く意見や感想を、東京の金融サービスの利便性向上に活かしていくことも有益と考えられる。加えて、2020年東京オリンピック・パラリンピックは、金融イノベーションに向けた東京の取組みを全世界に向けて発信する、絶好の機会ともなろう。

(2) フィンテックを推進する上での東京の課題

① 既存の重い金融インフラ

一方、東京においてフィンテックの発展を促していく上では、いくつかの課題もある。

まず、人々の間に広く金融サービスが行き渡っていることの裏腹として、既存の金融機関が、店舗やATM、電算センターといった重い物理的

インフラを抱えがちであることがあげられる。

前述のとおり、フィンテックは必ずしもこのような物理的インフラを必要とせずに、金融サービスの提供を可能にするものといえる。このため、フィンテックは金融機関にとって、既存のインフラが「レガシー化」するリスクにどう対処するか、という課題を突き付ける面がある。言い換えれば、金融機関がフィンテックのメリットを最大限享受していく上では、店舗戦略や事務体制を含めた、経営戦略全般の見直しが求められていく可能性が高い。

②　人口減少・少子高齢化、基本的金融サービスの浸透

また、日本では人口減少と少子高齢化が進行しているもとで、新興国や途上国に比べ新しい金融サービスに関する市場の「伸びしろ」が大きくないのではないか、と参入企業側に映りやすいことも1つのハードルとなる。

さらに、人々の間に基本的な金融サービスが既に行き渡っていることは、逆に言えば、新たな金融サービスへのニーズが直ちには急拡大しにくいことにも繋がり得る。例えば、日本ではATMの普及などにより、現金の入手に困ることが少ない。ほとんどの商店が現金を支払手段として受け入れており、現金の偽造事件も比較的少なく、治安も相対的に良好である。これらの要因などを背景に、日本では現金の利用度が国際的に見ても高い。もちろん、日本でもクレジットカード、デビットカード、電子マネーなど、さまざまなキャッシュレス決済手段が利用可能であるが、決済手段には「規模の経済性」や「ネットワーク外部性」が強く働くこともあり、いずれのキャッシュレス決済手段も、現時点では現金の牙城を崩すには至っていない（図表5-1、5-2参照）。このような状況下、中国やケニアのように特定のキャッシュレス手段が一気に広まるといったことは、なかなか容易ではないと考えられる。

156

第５章　金融イノベーションの環境整備・フィンテック促進

図表 5-1　一人当たりカード保有枚数＜ BIS 資料より＞

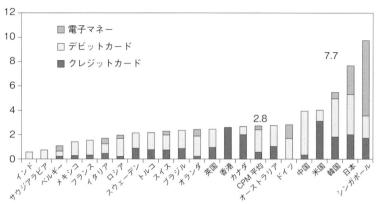

（注）1. 一枚のカードで複数の機能が利用可能な場合、重複して計上されているほか、国・地域によっては入手出来ていない一部カードの計数が欠損している。
2. 2015 年計数が存在しない場合、2014 年計数を使用。
3. デビットカードには、ディレイドデビットカードを含む。

図表 5-2　カード決済金額と現金流通残高

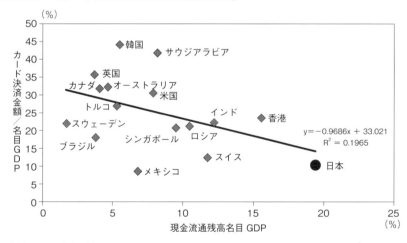

（注）カード決済金額は、クレジットカード、デビットカード、電子マネーによる決済金額の合計。

③　優れた技術が必ずしもグローバル・スタンダードとして収益を生まないこと

さらに、情報技術革新の下、今や世界的なビジネス競争では、グローバ

ル・スタンダードとなっている技術やプラットフォームをどの程度押さえ
ているかが、大きな鍵となっている。例えば、現在、時価総額で世界の
トップを占める Google や Amazon、Apple などの企業は、いずれも技術
やプラットフォームの面でのグローバル・スタンダードを押さえ、これを
収益や付加価値の源泉としている。

　日本の金融はこれまで、世界に先駆けて銀行間の即時送金を実現した
り、ATM に生体認証を導入するなど、先進的な取組みを行ってきてい
る。また、日本企業は、金融にも応用可能な数多くの優れた技術を生み出
している。もっとも、現時点ではこれらが必ずしもグローバル・スタン
ダードの座を勝ち得ていなかったり、収益源となっていないことも多い。

(3) 東京に求められる取組みの方向性

　これらを踏まえると、東京においてフィンテックを振興していく上で求
められる方策の方向性も、自ずと明らかになってくるように思われる。

　まず、金融機関や IT 企業、スタートアップ企業、学界など、フィン
テックに関わる主体が幅広く交流できる「場」の設置である。このような
場は、とりわけ日本のように、金融分野に新規に参入する企業と既存の金
融機関とが、互いに連携・協調する機運が強い中では、特に重要となる。

　加えて、海外も含め、フィンテックに関する学界との協力を進めていく
ことも、イノベーションを生み出すうえで有益と考えられる。この観点か
らは、フィンテックに関連の深い科学技術に関し、内外の大学との連携を
強めていくことも有益であろう。

　また、「都民の生活全般を、フィンテックを通じて、より便利で豊かな
ものとしていく」という観点からは、そのような目的に資するフィンテッ
クのビジネスプランを対象とした、何らかの「賞」を創設することも一案
であろう。さらに、これに合わせて、このようなビジネスプランの提唱者

と、プラン実現に寄与し得る幅広い主体とのネットワーキングの機会などを提供することも有益と考えられる。

さらに、このような「場」や「賞」などから生まれたものも含め、誕生したイノベーションの芽を、大きく育てていく環境作りも求められる。そうした環境はさまざまな要因によって支えられるが、規制監督のあり方や、オープンイノベーションを推進するエコシステムの構築、資金調達環境の整備などが、重要な要素となろう。

そこで以下では、東京でフィンテックの発展を促すために考え得る具体的な方策について、いくつか記していくこととしたい。

 東京版フィンテックセンター構想等

まず、フィンテックに関わる幅広い主体——金融機関や、スタートアップ（ベンチャー）企業を含む幅広い企業、学界など——が、東京をベースにインタラクティブな交流や情報交換を行うことができる場を設けることが考えられる。

フィンテック支援に関しては、日本銀行も2016年4月、決済機構局内に「FinTechセンター」を設立し、中央銀行としての立場からフィンテック支援に取り組んでいる。日本銀行のFinTechセンターは、各種フォーラムの開催など「触媒」としての役割に加え、フィンテックに関する調査研究や各地での講演活動などを行っている。海外中央銀行も、同様の組織を設立している例が多くみられる（例えば、シンガポールの"FinTech Office"など）。

東京都においても、「東京版のフィンテックセンター」に相当する枠組みを作り、フィンテックに関する幅広い主体のインタラクティブな対話や情報交換、ネットワーキングなどを促していくことが考えられる。あわせ

て、東京都が有するファシリティを革新的な実証実験等のために提供したり、都が保有するさまざまなデータを、匿名性がしっかりと確保された形で利用に供することも、一考に値しよう。

さらに、東京都が実現しようとしている政策目標（"Smart City", "Safe City", "Diversity"）などに沿った、都民のニーズの解決に質する革新的なフィンテックビジネスの提案などを対象とする、東京都による賞（東京金融賞）の創設も一案であろう。これについては第6章で触れられるので、本章では割愛する。

4 革新的フィンテックビジネスの開発支援―「規制の砂場」、エコシステム、資金調達環境など―

また、上述のような東京版フィンテックセンターでのインタラクティブな交流や、「東京金融賞」の中から生まれたフィンテックビジネスの芽を、大きく育てていく環境作りも求められる。このような環境には、規制のあり方や、幅広い主体間の連携・協調をサポートするエコシステム、革新的なプロジェクトに関する資金調達環境の整備などが、重要な要素となる。

(1) 規制面

本年（2017年）6月に閣議決定された「未来投資戦略2017」において、「FinTech企業や金融機関等が、前例のない実証実験を行おうとする際に抱きがちな躊躇・懸念（コンプライアンスや監督対応上のリスク）の払拭を図ることの重要性を踏まえた取り組みを検討する」と述べられている。この関連では、革新的なフィンテックビジネスなどを支援する「アクセラレータープログラム」に加え、シンガポールや香港、英国で既に導入されている"Regulatory Sandbox"（規制の砂場）に関し、検討を深めていくことが有益と考えられる。

160

第５章　金融イノベーションの環境整備・フィンテック促進

「規制の砂場」とは、揺籃期にあるフィンテック・プロジェクトの中から、一定の評価プロセスを経て承認されたものについて、成長に至るまでの段階における規制賦課の免除や軽減を明示し、規制を巡る不透明感や不確実性を取り除くものである。

もちろん、このような制度の導入の是非を検討していく上では、数多くの論点があり得る。例えば、あるプロジェクトが揺籃期にある場合と、一定の規模に至った段階では、経済社会に及ぼし得るリスクの程度も当然に異なり得る。したがって、「規制の砂場」の枠組みを通じて揺籃期の規制賦課を免除・軽減したとしても、その後もそのままで良いというわけではない。

また、実際に「規制の砂場」を導入している国々の事例をみると、必ずしも多数のプロジェクトが、この枠組みの下で規制賦課の免除等の措置を受けているわけではない。むしろ、各国当局は「規制の砂場」の枠組みを、フィンテック・プロジェクトとの「対話のツール」として活用したり、当局としてのフィンテックへのサポート姿勢を示す情報発信の手段として用いる傾向が窺われる。

いずれにしても、企業が社内で行う実証実験など、日本においても本来規制が賦課されないような取組みが、「海外の方がフィンテックにフレンドリー」といった見方（誤解）から海外に流出することは、極力避けることが望ましい。こうした観点からも、「日本がフィンテックに後ろ向き」といった誤解が万が一にも生じないよう、東京がフィンテックにフレンドリーであることをアピールする、対外的にも効果的な情報発信のあり方を追求していく必要があろう。

なお、金融庁は既に、英国、シンガポール、豪州、アブダビの監督当局と、フィンテックに係る協力枠組みを構築しているほか、本年（2017年）９月には、「フィンテック実証実験ハブ」を設置している。これらの取組み

161

は、上述のような趣旨にも沿ったものとみることができる。

この間、各種行政手続きの英語対応を進めていくことは、海外のフィンテック企業を日本に誘致するとともに、日本でビジネスを展開しやすい環境を整備する観点からも、有益と考えられる。

（2）幅広い主体が連携・協調できるエコシステムの確立

また、金融機関やフィンテック企業など多様な主体にマッチングの機会が与えられ、連携・協働しながら「オープンイノベーション」を進めることができるようなエコシステムの確立も重要である。この観点からは、①「オープンAPI」の推進、②企業間のマッチングの機会提供、などが鍵となろう。さらに、イノベーションを促進するため、スタートアップ企業の物理的集積を促すべきかどうかも、今後の一つの論点となろう。

（3）資金調達環境

さらに、フィンテック・プロジェクトの資金調達が円滑に行える環境をいかに整備していくかも、重要な論点となる。

フィンテックのプロジェクトをビジネスとして軌道に乗せていく上では、研究開発（R & D）やPoC（Proof of Concept）、実証実験、情報セキュリティ対応など、さまざまな投資が求められていくことになる。これらの投資のファンディングを巡っては、①ベンチャーキャピタルによる出資、②金融機関による「アクセラレーター」プログラムなどを通じた出資や融資、③フィンテック・スタートアップ企業自身による上場、等、さまざまな方法が考えられる。

この中で、①においては、国内ベンチャーキャピタルの育成や、海外ベンチャーキャピタルの誘致をどう行っていくか、検討を深めていくことが求められよう。また、②については、金融機関とフィンテック・スタート

アップ企業のマッチングが重要となる。さらに、③の場合、上場にとっての実務的ハードルの有無等について、理解を深めていく必要がある。いずれにせよ、有望かつ革新的なプロジェクトに対するファンディングが、国内で円滑に行われていくよう、関係者が知恵を絞っていくことが求められよう。

5 海外との協力・高度金融専門人材の育成

　世界的な金融都市として上位に位置づけられるロンドン、ニューヨーク、シンガポール、香港、さらに、フィンテックの拠点として有名なシリコンバレーなどは、いずれも英語を公用語としている地域である。他方、これらの地域では、金融やフィンテックに関わる人材がさまざまな国々から集まっているなど、イノベーションを生み出す多様性も兼ね備えている。

　前述のとおり、フィンテックにおいては、幅広い主体の連携や協力が重要な意味を持つ。また、デジタル化の下では、優れたサービスを地理的境界を超えて提供していくことも、より容易となっている。これらを踏まえれば、東京でフィンテックの発展を促していく上では、多様な国々や地域から、最先端の知見を持った人々が東京に集まり、英語でコミュニケートできる環境作りが望ましい。

　また、このような環境作りは、日本で開発したフィンテックのビジネスモデルを、海外で広く展開して行く上でも有益と考えられる。フィンテックのビジネスモデルを、アジアなど海外でも展開していくことは、国境を越えてスケールメリットを得ることを通じて、国内の成長制約を乗り越えていくという観点からも重要となる。

　また、このような観点からは、アジアを含む海外の優れた人材が、東京

でフィンテックビジネスを展開できるよう、東京都と金融庁が設立した「金融ワンストップ支援サービス」と金融庁の「金融業の拠点開設サポートデスク」の連携を通じて日本拠点の開設を支援していくことや、海外と日本の人材が共同でビジネスを立ち上げる動きを行政手続の面からもサポートしていくことなどが、有益と考えられる。

人材育成の視点からは、将来の東京国際金融センターを担う人材としては、①AIやビッグデータ分析、②ロボティックス、③データ保護やサイバーセキュリティ、④分散型の情報技術、などのエキスパートが、ますます求められていくと予想される。このような人材を、東京（日本）において育成できるような環境作りも、今後の金融発展にとって重要な意味を持つと考えられる。

同時に、そうした教育・育成機関が、英語対応などを通じて国際的にも十分な多様性を備えることは、国内機関に世界中から優秀な人材を集め、東京の金融を発展させていく上でも有益と思われる。この観点からは、例えば首都大学東京を活用し、同大学と海外の大学との連携を図っていくことなどが考えられよう。

これまでみてきたように、フィンテックは途上国・新興国のみならず先進国にとっても、金融・経済発展の大きな鍵であるとともに、さまざまな社会的問題の解決にも資するものと考えられる。また、これらを通じて、金融振興に向けた議論を、一般の人々に身近なものにするものといえる。

東京の金融を大きく発展させていく上では、情報技術革新のメリットを金融を通じて経済厚生の増大に最大限結び付いていくよう、また、情報セキュリティなどを含め、金融への信頼がしっかりと確保されていくよう、民間企業や学界、東京都、関係省庁、日本銀行など幅広い関係者が、協力して取り組んでいく必要があろう。

第6章

東京金融賞の構想と提案

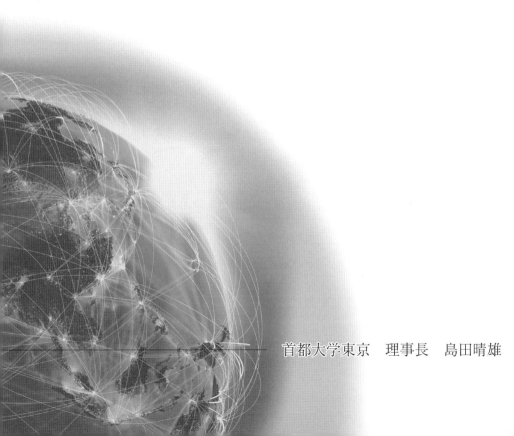

首都大学東京　理事長　島田晴雄

本章では、小池百合子東京都知事が、自ら主催される「国際金融都市・東京のあり方懇談会」の中で提起された「東京金融賞」について私なりの理解と私見を述べさせていただく。

　小池都知事はかつてアジアをリードした、そして世界的にも大きな存在感のあった国際金融センターとしての東京の役割をこの新しい時代にあらためて高めたいという意図のもとに、内外の専門家を集めて、知事就任以来、熱心に議論を重ね検討をしてこられているが、その懇談会で、「東京金融賞（仮称）」を設けてはどうかと問題提起された。会議の中にも大いに賛同される委員もおられ、実現の方向で具体的に検討しようということになり、小人数の予備的な検討に私も加わって構想を練ることになった。予備的段階ではあるが、私は2017年5月の「懇談会」で私なりの案を「東京金融賞への提案」というテーマで報告させていただいた経緯がある。

 ## 金融賞の問いかけ

　懇談会での議論を受け、東京都は、2017年6月に公表した「『国際金融都市・東京』構想骨子」において、東京金融賞（仮称）に関して、「都民の利便性向上と金融の活性化を実現するために、都民のニーズ、都政の課題、持続可能な都市づくりに貢献するESG投資の普及等に対応できる金融サービスや商品を開発・提供する国内外の事業者を対象とする表彰制度を創設する。国内のみならず、海外の事業者も広く対象とすることとし、受賞者の東京への誘致につなげる」というコンセプトを提示している。

　さらに具体的には、懇談会での議論もふまえて詳細設計を進め、2017年秋に策定する構想に位置付け、2018年度から実施することを予定している。

　私は「あり方懇談会」で東京金融賞のあるべき姿について第5回の懇談

会会合で私見を述べる機会を与えられたので、私なりの考えを述べた。詳細は省くが、その中で特に強調したのは、東京都という公共団体が主催する表彰なので、それは学問的に理論を追求する賞ではなく、金融活動をつうじて社会に創造的な貢献をする人々を表彰する賞とすべきだ、という点である。その考えはその後も一貫して私は抱いている。

2　経済と金融：歴史的発展

　ここで、やや視野を原点に戻り歴史的にも広げて、金融と経済の関係について考えてみたい。経済活動は、人々や企業や国家の生存を支える基本的な活動だが、金融はそうした経済活動の根幹にある。経済は生産と消費が循環して機能する総合体であるが、生産と消費は生産物を消費者が入手して消費することでつながり、また消費者は生産活動に参加して対価を得ることで生産物を入手することができる。この交換を媒介するのが金融である。金融は生産者と消費者だけでなく、政府とこれら市場のプレーヤーとの関係も媒介する。したがって、経済の循環も構造もすべからく金融を媒介として形成される。その意味で金融は経済活動の根幹なのである。

　金融はこのような経済活動が円滑に効率的に運営されるようにその機能を発揮するが、経済活動のこうした循環が繰り返されるうちに、社会は生産手段を持つ人々と持たない人々の間の分化が進むようになる。生産手段は資本という形で保有され、手段を持たない人々は労働者として雇われる。経済にはその活動をできるだけ効率的に進めるいわば経済の論理が内在している。その論理が貫徹されると資本の所有者は労働市場の競争を媒介にして、労働者をできるだけ低賃金で雇って資本蓄積を加速するようになる。

　そうした経済活動が進むと、経済社会は、一方に、資本をますます蓄積

した少数の資本家と、他方に低賃金にあえぐ多くの労働者が存在するようになる。資本蓄積と労働者の貧窮が進むと、労働者階級はやがて労働者として再生産をすることも難しくなる。それは資本主義社会の基本的矛盾であり、その矛盾の拡大によって資本主義社会は崩壊する運命にあると、カール・マルクスははやくも喝破した。その矛盾を暴力革命によって捉え支配体制を転覆したのが20世紀初頭にロシア帝政を倒した共産主義者達であった。

　資本主義の発達を当時リードしていたイギリスでは、資本主義に内在するこうした矛盾を漸進的に改善して自己崩壊を未然に防ごうという思想を唱える理論家やそうした政策を実践する政治家や労働運動の指導者が現れた。彼らの思想や運動は漸進主義による資本主義の修正を唱える Febianism として知られる。彼らの思想や運動を背景に、資本主義は漸次修正され自己矛盾を克服する努力が進められた。その具体的な例が「工場法」である。工場法は労働時間の上限や賃金の下限を定めて労働者家計の再生産の条件を確保した。また労働組合はその監視役をつとめた。今日、世界のどの国にもある労働基準法や労働組合法はそうした修正主義の成果を法制化したものである。

　第二次大戦後、戦争の被害を受けず、世界最強の経済とニューヨークという世界の金融中心都市を擁するアメリカは、世界資本主義経済を牽引する存在となり、その最大の牽引力となる企業の力が蓄積した。そのアメリカで、資本主義経済の矛盾を拡大させないために企業の役割を見直すべきだ、あるいは進化させるべきだ、との流れが出てきた。

　初期的な考え方として Enlightened self interest が注目され流行となった。それは企業の啓発された利益の追求が社会に受け入れられ、やがてより大きな企業利益につながる、という考え方である。よく引用された例は、クレジットカードの会社がニューヨークの自由の女神像の修復のため

168

に、一回カードを使ったらいくらかが修復のための基金に加えられると発表すると、多くの人々が修復を願ってカードを使ったので、結果としてそのカード会社は世の中の為にしたことが自分の利益増大になったという話である。

そのうち、企業はそれだけで存在し事業ができるわけではない、社会の多くの資源を活用し、多くの人々の助けを得はじめて活動できる存在なので、その意味では社会を構成する市民と同じ立場だ、ということで、企業市民（corporate citizenship）という考え方が喧伝されるようになった。市民としての社会へのそれなりの貢献が必要だ、という考えである。社会的評価を重んずる企業は積極的に環境保護や子育て支援、高齢者の介護などに貢献を試みた。

やがて、単に企業市民であるというだけでなく、企業には市民としてのそれ相応の責任（Corporate Social Responsibility）があり、企業が投資をする時には、社会的に責任のある投資（Socially Responsible Investment）をしなくてはならないという考えが強調されるようになった。社会の企業の役割に対する期待と要望がより強まったと言えよう。企業は投資決定をする時に投資の経済的効果や効率だけでなく、それが社会にとってどのような意味と影響を持つかに留意するようになった。

それまでは企業は、自社の本業とは関係のない環境保護や教育や福祉などの分野で貢献を試みてきたが、Harvard 大学の Michael Porter 教授らの呼びかけで、むしろ企業がその本業の強みを生かして、より創造的な社会価値を生み出す（Creative Shared Value）活動をすべきだ、との考えが登場してきた。たとえば、過疎地域の町づくりや活性化などでは、通信、交通、自動車企業などが本業の強みを生かして共同でプロジェクトを推進し、大きな成果をあげることができる。日本では赤池学教授が傑出した活動をしている。

169

そして近年ではESG（Environment, Social, Governance）の考え方が流布し、企業の投資活動の重要な基準として援用されている。ESGについては次節でやや詳しく紹介しよう。

以上、企業の社会的役割についての歴史的発展を素描したが、欧米を中心におよそ10年ごとくらいに新しい考え方が打ち出され、流行となり、企業行動にそれなりの影響をもってきたことは確かである。

 ESGと責任ある投資

今の世の中では、投資家は目前の利潤最大化のために投資するだけでは、社会や地球における様々な矛盾を拡大し、長期的には投資の効果そのものを減殺するおそれがあることに多くの人々が気づきはじめている。たとえば、環境を無視した開発投資が、土壌や水資源を汚染する、低賃金や低コストを追求するあまり開発途上地域での児童労働や危険物質の利用などで社会基盤を劣化させるなどの行為が行われたが、これらは地球環境や社会を破壊するだけでなく、長期的には投資や経済活動を支える自然や社会の基盤を損なうことで投資の長期的収益を減殺するなどである。

水口剛「責任ある投資：資金の流れで未来を変える」（岩波書店、2013）によれば、1970年代後半から80年代前半にかけて、南アフリカの人種差別問題などが刺激になりSRI（Socially Responsible Investment）の運動が特にアメリカを中心に高まった。

それは社会的倫理に反する事業には関わらないとする投資におけるネガティヴ・スクリーニングの運動として発展し、酒、タバコ、ギャンブルから反差別、反戦、消費者問題に拡大した。水口氏はこれをSRI第一世代とする。

1980年代後半から1990年代前半にかけて、むしろより積極的に社会に

望ましいインパクトを与えようというポジティブスクリーンによる SRI の運動が高まった。これを SRI 第二世代と呼ぶ。さらに 1990 年代後半からは環境や社会に配慮することはより良い投資収益を生む合理的な投資行動であるという考え方が広まるようになった。これを SRI 第三世代ということができるかもしれない。

そうした流れを大きく推進する動きが国連を中心に展開された。それは国連のいくつかの機関が関わった一定の準備段階を経て、国連のアナン事務総長が、2005 年、世界の大手機関投資家に責任投資原則の策定を呼びかけ、12 カ国の 20 大手投資家が参加して 1 年間の検討の後、2006 年 4 月に国連の責任投資原則（Principles for Responsible Investment PRI）を発表したことである。

それは ESG 投資を以下のように勧めている。以下その要旨を紹介しよう。

「機関投資家として私たちは受益者の長期的利益を最大にするよう行動する義務を負っている。受託者の役割において、私たちは、環境、社会、コーポレート・ガバナンス（ESG）問題が投資ポートフォリオのパフォーマンスに影響すると信じている。受託者責任と整合する範囲で私たちは以下にコミットする。

1．私たちはESG問題を投資の分析と意思決定のプロセスに組み込む。
2．私たちは行動する株主となり、株主としての方針と実践に ESG を組み込む。
3．私たちは投資先企業が ESG 問題に関して適切な情報開示をするよう求める。
4．私たちは投資業界がこの原則を受け入れ、実践するよう促す。
5．私たちはこの原則の実施における効果が高まるように相互に協力する。

171

6．私たちはこの原則の実施に関する活動状況と進展について報告す
　る。　　　　　　　　　　　　　　　　　　　　　　　　　　」

　この呼びかけに応えて、責任投資原則に参加した年金基金等は近年急速
に増加しており、2017 年 4 月時点で 1,700 以上、署名をした機関投資家等
の保有運用資産は 68 兆ドルに達している。なお署名機関は、① Asset
owner（年金基金）、② Investment manager（運用機関：信託銀行、投資顧
問業者など）、③ Service provider（投資情報などサービス提供者など）の 3
カテゴリーに大別される。

　日本でも多くの機関がこの責任投資原則（PRI 原則）に署名して参加し
つつあるが、世界最大の運用資産を持つ GPIF（年金積立金管理運用独立行
政法人）は 2014 年に ESG 指数を選定、同指数に連動した運用を開始した。
GPIF は当面は以下の 3 種の指数に基づく運用を行い、その後、環境（E）
に基づくテーマ型指数について審査を進めている。運用を開始した 3 種は
図表 6-1 のとおり。

　GPIF では ESG の要素に配慮した投資は、期間が長期にわたるほどリ
スク調整後リターンを改善する効果が出てくるとしているが、実際、2012
年から 2017 年の 5 カ年にわたる上記 3 種類（図表 6-1 参照）の指数に基づ
く運用結果では、平均で、リスクは 0.16％減り、リターンは 0.39％増えた
としている。

　また、モルガン・スタンレー社はサステナブル投資研究所（オード

図表 6-1　GPIF の ESG 指数に基づく運用状況

総合型	FTSE Blossom Japan Index	151 銘柄	2017 年 6 月
総合型	MSCI ジャパン ESG セレクト・リーダーズ指数	251 銘柄	2017 年 6 月
テーマ型・社会（S）	MSCI 日本株女性活躍指数（愛称は WIN）	212 銘柄	2017 年 6 月

リー・チョイ所長）を設立・運営しており、そこではリサーチ、インベストメントマネジメント、セールス・トレーディング、ウエルス・マネジメント、グローバル資本市場戦略としてグリーン債、再生可能エネルギー＆クリーンテクノロジーファイナンスなどの事業を行っており、特に①サステナブル投資の推進、②ソート・リーダーシップそしてサステナブル投資への障害を取り除くための有益な分析と厳選されたオピニオンの提供、③能力強化として次世代のサステナブル投資のリーダーの育成、に注力している。

　モルガン・スタンレー社は東京金融賞に関心をもっており、東京にはサステナブル投資のリーダーシップを確保するさまざまなツールがあると評価し、東京都が望むなら多方面で支援ができると申し出ている。具体的には、モルガン・スタンレー社は「サステナブル投資チャレンジ」というプログラムを実施しており、その勝者を東京金融賞の候補とする、企業統治で模範となる ESG 基準に注力している企業の選別、世界で最も良好なパフォーマンスをあげた ESG 投資ファンドの紹介、創造的で革新的な ESG 資金調達手段の開発と執行例の調査などの分野での協力が考えられるとしている。

東京の SDS 目標

　このように、ESG は投資基準の今や世界標準として広く受け入れられ、世界各国で適用されており、東京が金融賞を創設するなら ESG 基準に即して金融賞の基準を設定し、世界での認知を確保すべきだ、という議論する人々が少なくない。

　確かに東京金融賞は ESG 基準に準拠していると言えば、世界の多くの金融関係者の理解も得やすいし、受け入れられやすいだろう。しかし、東

京都がわざわざ金融賞を設ける意図の1つは、国際金融都市を目指す東京がその賞によって世界に発信し、その存在感を示したいということである。そうであるとすれば、東京金融賞がESG基準に依拠していると自己規定をすることは、世界を今や覆い尽くすESG基準の波の中に埋没してしまうことにはならないだろうか。

2016年夏に小池都政が始まってほどなく、東京都はSDS都市を目指すと宣言した。SDSとは「Safe city, Diver-city, Smart city」の短縮語である。Safe cityとは安全な街を意味し、象徴的には、東日本大地震のような災害があっても人々が大きな被害を受けることのないような安全な街ということである。またDiver-cityは英語のDiversity（多様性）にちなんだ造語で、老若男女や外国人など誰もが活き活きと生活ができ、活躍ができる都市ということである。そしてSmart cityとは最先端の科学技術を駆使して環境重視の未来型の都市環境を整備し、また金融など高い技術に基づく産業が集積する都市ということである。

2016年末には東京都は「都民ファーストでつくる新しい東京」と題した東京都民のための政策を体系的かつ詳細に記述した分厚い報告書を発表した。そこに記述された政策は、上記のSDSの概念に即して体系的に提示されている（図表6-2）。

図表6-2 東京都報告書「都民ファーストでつくる新しい東京」に明示されたSDSの概念に基づく政策

（1）Safe city：もっと安全、安心、元気な東京
・地震に強いまち、自助・共助・公助の防災力、都市インフラの長寿化・更新
（2）Diver city：誰もがいきいき生活、活躍できるまち
・安心して出産・子育て、高齢者の安心、医療、障害者、誰もが活躍、スポーツへの親しみ
（3）Smart city：世界に開かれた環境先進都市、国際金融・経済都市
・スマートエネルギー都市、快適都市環境、国際金融・経済都市、多様な機能集積

174

これらの政策の中身を見ると、それらは ESG の概念と対立するわけでも矛盾するわけでもない。それらの政策を束ねる SDS の概念は、したがって ESG 概念と背反するものでもなく、敢えていえば、相互に補完する関係にあるともいえそうである。SDS は東京都の政策方針に立脚した概念なので、それを打ち出すことは東京のアイデンティティもしくは独自性を強調することになるだろう。

ESG は地球環境や人類の福祉と矛盾しない「責任ある投資」や「持続性ある投資」を評価する国際的に共通の基準であり、この基準を採用する主体は、投資する企業や金融機関や一般企業そして投資を選別したい公共組織などである。

東京都が金融賞を設ける趣旨は、それとは異なり、単に投資をすることでも投資を評価することでもない。それは東京の目指す社会的な価値の実現を支えもしくは支援する何らかの金融事業を創出したり推進したりするベンチャーもしくはスタートアップ企業を表彰し、彼らの発展を支援することで、金融の世界における東京の存在意義をアピールしようということ、と私は理解している。

具体例として以下を提示したい。

・地震に強い街づくり：インフラ投資ファンド、

・誰でも住みやすく活躍しやすい街：クラウドファンディング、教育、外国人向けのキャッシングサービスなど。

・技術、環境：グリーンボンド、グリーンインフラボンド

しかし、東京の目指す社会的もしくは都市的な価値として、SDS と東京都の政策体系を強調することで、それが東京が唱える金融賞の趣旨やさらに言うなら賞の選考基準として国際的に理解されるかどうかは別問題である。そこで以下では、東京金融賞のような賞が世界で受け入れられ、永続していくための要件を整理して考えてみたい。

175

東京金融賞実現への要件

① 概念構成

まず概念構成が重要である。ESG もそうであるが、SDS の場合にも、多くの基準を概念上の共通性にしたがって束ね、それを概念的に抽象化し本質化することが、その概念の普遍化につながる。そこで ESG と SDS の概念上の本質とその具体的内容の検討、そこから抽出される原理の追求、そして普遍化への理論構成を行う必要がある。

② 研究委員会

それらの作業は、高度に概念的、理論的な性質を持つと同時に、現実の世界のなかで適切な実践例を発掘し、評価するという実務的な性質もあり、その両面を担える研究委員会を構成する必要がある。そうした基礎的な作業には世界から適切な専門家を招聘して知的な支援をいただくと同時に、東京都が設立した首都大学東京の人的・物的能力を活用することも一案だろう。基礎的作業を積み重ねた研究委員会は、東京金融賞が実行段階に入ると自然な発展形として選考委員会の機能を担うことになるだろう。

③ PR

東京金融賞は日本の内外から広く応募を得ることが望ましい。特に海外には情報が伝達しにくいので、インターネットを駆使して分かりやすく広報をするとともにシリコンバレー、ロンドン、パリ、ベルリン、シンガポール、テルアビブ、香港、上海など世界の主要ベンチャー・ハブなどの現地で直接アピールすることも有意義である。

④ 選考

　選考は、東京金融賞の趣旨とコンテンツを明確に提示し、選考委員会を編成して委員長はじめ委員を選定し、透明で信頼性の高い選考を行うことが必要である。

⑤ 運営

　東京金融賞は上記のような内容を正確に公平に広く世界中に伝え、選考作業が円滑に行われ、表彰が華々しく実施され、そのフォローアップがしっかりなされ、その全体が人々から評価されて、できるだけ永続することが望ましい。そうした活動は実は膨大な作業量を必要とするが、それを適切に担う事務局（Promotion machinery）は不可欠である。

　そのための金額的予算も時間的予算も適切かつ厳密に想定され実行されねばならない。これは東京都にとってはかなりの負担と事務量になるが、それが東京を国際金融都市として世界に知らしめる一助になるのであれば、それは価値ある投資と言えよう。

第7章

国際金融都市で求められる原則

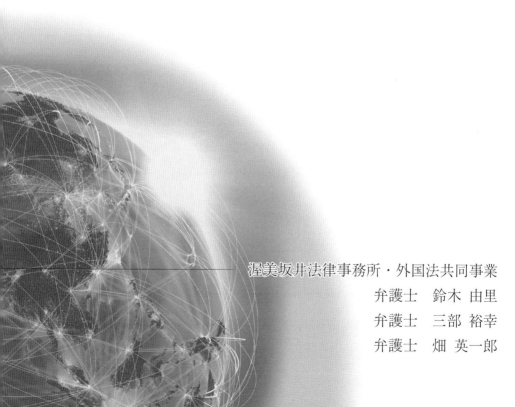

渥美坂井法律事務所・外国法共同事業
弁護士　鈴木　由里
弁護士　三部　裕幸
弁護士　畑　英一郎

国際金融都市で求められる3つの原則

　東京都の「国際金融都市・東京」構想では、「金融による社会的課題解決への貢献」という項目において、家計の安定的な資産形成の実現に向けて、また、投資先の企業価値を高め、投資家である都民にとってのリターンを向上させるため、①フィデューシャリー・デューティー、②コーポレートガバナンス・コード及び③スチュワードシップ・コードの徹底に向けた取組みが3つの原則として挙げられている(注1)。巻末付録の東京都の「国際金融都市・東京」構想の「Ⅲ　具体的施策」「3　金融による社会的課題解決への貢献」をご参照いただきたい。

　なぜ、このようなことが重視されているのか。以下では、まず上記①～③の原則が今重視されている理由、そしてそれらに共通する規律のあり方から説明し、それを踏まえて、個別の原則について検討する。

(1) 3つの原則が今重視されている理由

①　スチュワードシップ・コードとコーポレートガバナンス・コード

　スチュワードシップ・コード(以下「SSコード」)は2014年に、コーポレートガバナンス・コード（以下「CGコード」）は2015年に、相次いで策定された。

　安倍内閣発足以降、成長戦略の一環として機関投資家と企業のそれぞれの行動原則を定めることにより、機関投資家と企業との間の「建設的な対話」を促進し、中長期的に企業価値・リターンを向上させることが必要という意識の高まりを受けてのものである(注2)。

(注1) 東京都「『国際金融都市・東京』構想～『東京版金融ビッグバン』の実現へ～」
　　　(2017年11月) 19頁、20頁。

第 7 章　国際金融都市で求められる原則 ▼

　国際金融都市・東京のあり方懇談会（以下「懇談会」）でも、CG コード
と SS コードの徹底が必要との意見が述べられている。たとえば、日本投
資顧問業協会及び国際銀行協会は、CG コードと SS コードが一定の成果
をあげていると評価したが、それでもなお「ガバナンスが企業と投資家の
間でうまい緊張関係で前向きに、しかも中長期の視点で回転していく」こ
とや「コーポレートガバナンス・コードとスチュワードシップ・コードの
徹底」が最重要であり、そこに海外から関心が寄せられているという趣旨
の意見を述べている[注3]。

　このように、海外から投資家や金融事業者を呼び込むにあたっては、
コーポレートガバナンス改革、そして機関投資家と企業との間の「建設的
な対話」の促進が必要と考えられている。

　そこで、それらの問題意識を受けて、後記（2）以降で述べる特色・内
容を持つ SS コードや CG コードが策定された。

　なお、CG コードについては、金融庁及び東京証券取引所（以下「東証」）
に設置された有識者会議により「コーポレートガバナンス・コード原案」
（以下「CG コード原案」）が策定されたことを受け、東証において CG コー
ドを有価証券上場規程の別添として定め、2015 年 6 月より CG コード及
び改正後の有価証券上場規程等の適用を開始している[注4]。

（注 2）図表 7-1 を含めて、油布志行（金融庁総務企画局参事官（総合政策担当））「金
　　　融行政上の取組みについて～国際金融都市・東京の推進～」（2017 年 5 月 19 日、
　　　第 5 回懇談会資料 6）（以下「金融庁発表資料」）54 頁
（注 3）第 1 回懇談会議事録（2016 年 11 月 25 日）19 ～ 21 頁（岩間陽一郎氏発言）、
　　　第 2 回懇談会議事録（2017 年 1 月 31 日）31 頁（Jonathan B. Kindred 氏発言）、
　　　Jonathan B. Kindred「国際金融都市・東京　優先課題と提言」（2017 年 1 月 31
　　　日、第 2 回懇談会資料 5）3 頁。
（注 4）東証が制定する CG コードは、一定の技術的な変更・削除が加えられた点を除
　　　き、CG コード原案をそのままその内容としている。以下では、CG コード原案
　　　にしか記載がない点についても、特に CG コードと CG コード原案を区別せず、
　　　単に「CG コード」と記載する。

181

図表 7-1　コーポレートガバナンス改革の深化に向けた取組み

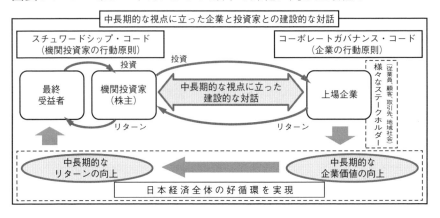

　また、SSコードについては、金融庁及び東証に設置されたSSコード及びCGコードのフォローアップ会議より改訂が提言されたことを受けて、2017年5月にSSコードの改訂版[注5]（以下「改訂版SSコード」）が策定された。

　SSコードとCGコードとの関係は、「車の両輪」に例えられる[注6]。改訂版SSコードと同日に公表された価値協創ガイダンスは、持続的な企業価値向上に関心を持つ機関投資家や個人投資家が「中長期的な観点から企業を評価し、投資判断やスチュワードシップ活動に役立てるための手引」であり、かつ、企業経営者が、「自らの経営理念やビジネスモデル、戦略、ガバナンス等を統合的に投資家に伝えるための手引」であることからこの点を表している[注7]。

（注5）スチュワードシップ・コードに関する有識者検討会「『責任ある機関投資家』の諸原則≪日本版スチュワードシップ・コード≫～投資と対話を通じて企業の持続的成長を促すために～」（2017年5月29日）。
（注6）改訂版SSコード序文5項、CGコード原案序文8項。
（注7）経済産業省「価値協創のための統合的開示・対話ガイダンス―ESG・非財務情報と無形資産投資―（価値協創ガイダンス）」（2017年5月29日）3頁。

② 顧客本位の業務運営に関する原則

さらに、懇談会では、フィデューシャリー・デューティーについても強く意識されている。

第1回目の懇談会では、小池都知事から、「預金者や投資家の利益にとって何がベストなのかという受託者責任（フィデューシャリー・デューティー）のあり方に立ち返って議論が進むことを期待しております」との発言があった[注8]。その後の議論では、フィデューシャリー・デューティーを果たすことが、「運用業界に対する社会の信頼」を勝ち取ることにつながること、「我が国の貯蓄から投資への流れ」を加速させ「海外資産運用会社にとっても東京の魅力、ビジネスを何よりも高めることになる」ことにつながること、及び「証券会社においても取り組んでいかなければならない重要な課題」であることについて、日本投資顧問業協会、全国銀行協会、日本証券業協会のそれぞれから述べられた[注9]。

その結果、最終とりまとめでは、次の点が提言されている[注10]。

① 資産運用業界の発展に向け、運用の高度化とフィデューシャリー・デューティーを実現し、運用業界に対する社会の信頼を勝ち取るべき。

　⇒フィデューシャリー・デューティーの徹底によって貯蓄から投資への流れが加速することは、海外資産運用会社にとっても魅力的である。

② 国内外からの投資を呼び込むためには、量・質ともに、顧客・投資家と金融会社の利害は、一致させるべき。

（注8）第1回懇談会議事録1頁（小池百合子都知事発言）。

（注9）第1回懇談会議事録19〜21頁（岩間陽一郎氏発言）、第2回懇談会議事録40頁（田村直樹氏及び石黒悼史氏発言）。

（注10）東京都「国際金融都市・東京のあり方懇談会　最終とりまとめ（案）」(2017年10月13日）35頁。

⇒受託者責任、フィデューシャリー・デューティーのあり方に立ち返り、単に量的な考え方のみならず、質的な点でこれまでの預金者・投資家の利益にとって何がベストなのかを考えたい。

③ 日本の手数料等の高いコストは、顧客に対しては負担となっており、コストに対しても透明性を確保すべき。

2017年3月に公表された「顧客本位の業務運営に関する原則」(以下「FD原則」)は、「金融事業者による取組みが形式的なものに止まることなく、より良い金融商品・サービスの提供を競い合うことで、『原則』が実質を伴う形で定着していくことが重要」であり、「金融事業者の取組みの『見える化』や当局によるモニタリング、顧客の主体的な行動の促進等の施策を実施」することを目指すものである[注11]。

(2) 3つの原則に共通する規律のあり方

以上の改訂版SSコード、CGコード、FD原則については、ソフト・ローであること、プリンシプルベース・アプローチを採っていること、コンプライ・オア・エクスプレインの手法を採用していること、という共通点がある。

① ソフト・ロー

これら3つの原則は、法令とは異なり法的拘束力を有する規範ではない[注12]。改訂版SSコード、CGコード、FD原則の各原則を遵守しなかったとしても、そのこと自体は法令違反とはならない。

(注11) 金融庁発表資料50頁。
(注12) 改訂版SSコード序文11項、CGコード原案序文11項。

② プリンシプルベース・アプローチ

プリンシプルベース・アプローチ（原則主義）とは、一見、抽象的で大掴みな原則（プリンシプル）について、関係者がその趣旨・精神を確認し、互いに共有した上で、各自、自らの活動が、形式的な文言・記載ではなく、その趣旨・精神に照らして真に適切か否かを判断する手法であり[注13]、詳細な法令で規制するルールベース・アプローチ（細則主義）と対置されるものである。

これら3つの原則が適用される団体には、会社法や金融商品取引法のように一律に遵守すべきルールがある。その一方で、たとえば機関投資家といってもその規模や運用方針等により様々であり、また、上場会社などと一口にいっても業種や規模、事業特性、機関設計、会社を取り巻く環境等により様々である。そのため、プリンシプルベース・アプローチによる改訂版 SS コードや CG コードを採用することにより、各社の事情に応じた最適な受託者責任・ガバナンスを目指すことになる。

FD 原則については、金融事業者は、業者ごとに適用される金融商品取引法等の各種の法令の規制を受ける一方で、各事業者の状況に応じて、顧客本位の業務運営を真剣に考え抜きそのベスト・プラクティスを構築することが期待されている。

③ コンプライ・オア・エクスプレイン

プリンシプルベース・アプローチの下では原則を実施するかしないかは任意であるが、「コンプライ・オア・エクスプレイン」は実施しない場合にその理由を十分に説明することを求めるものである[注14]。

前記②のとおり、機関投資家・上場会社などと一口にいっても様々であ

(注13) 改訂版 SS コード序文 10 項、CG コード原案序文 10 項。
(注14) 改訂版 SS コード序文 12 項、CG コード原案序文 11 項。

図表 7-2　3 つの原則の比較

	SS コード	CG コード	FD 原則
意義	機関投資家がスチュワードシップ責任を果たすに当たり有用と考えられる原則を定める。	実効的なコーポレートガバナンスの実現に資する主要な原則を定める。	顧客本位の業務運営におけるベスト・プラクティスを目指す上で有用と考えられる原則を定める。
対象事業者	機関投資家、議決権行使助言会社等	上場会社	金融事業者
プリンシプルベース・アプローチ	○	○	○
コンプライ・オア・エクスプレイン	○	○	○
コードの受入れ状況の可視化	金融庁にて一覧表を公表	東証にて対応状況を定期的に集計・公表	当面は四半期毎に金融庁にて一覧表を公表
コードの定期的な見直し	おおむね 3 年毎	定期的に見直しの検討に付されることを期待するとされている[注15]。	必要に応じて

ることから、原則全部を一律に実施せよというのは合理的ではなく、個別
事情に照らして実施することが適切でないと考える原則があれば、それを
「実施しない理由」を十分に説明することにより、一部の原則を実施しな
いことも想定されている。

　ただ、その場合には、実施しない原則に係る自らの対応について、顧
客・受益者・株主等のステークホルダーの理解が得られるように説明しな
ければならない[注16]。

（注15）CG コード原案序文 16 項。
（注16）改訂版 SS コード序文 12 項、CG コード原案序文 12 項（「ひな型」的な表現
　　　により表層的な説明に終始することは趣旨に反するとする。）

第 7 章　国際金融都市で求められる原則

　他方、原則が実施されない場合に説明を受ける側も、一部の原則が実施されないからといってただちに相手方を低く評価するのは適切ではなく(注17)、実施しない理由またはその場合の対応や代替策についての説明が合理的かどうかを判断する必要がある。

　なお、改訂版 SS コードの序文 12 項では、「原則を実施しつつ、併せて自らの具体的な取組みについて積極的に説明を行うことも、顧客・受益者から十分な理解を得る観点からは、有益であると考えられる」(いわゆる「コンプライ・アンド・エクスプレイン」) との一文が追加されていることも注目に値する。

2　「責任ある機関投資家」の諸原則≪日本版スチュワードシップ・コード≫を徹底する必要性

　SS コードは、機関投資家が、投資先企業との対話などを通じて、当該企業の企業価値の向上や持続的成長を促すことにより、顧客・受益者の中長期的な投資リターン拡大を図る責任を「スチュワードシップ責任」と位置付け、機関投資家がかかるスチュワードシップ責任を果たすにあたり有用と考えられる諸原則を定めるものである(注18)。

　国際金融都市を指向する観点からも、コーポレートガバナンス改革、そして機関投資家と企業との間での「建設的な対話」の促進により、中長期的に企業価値・リターンを向上させることは当然の前提といえる。

(1) 7 つの原則とその下の指針

　SS コードは 7 つの原則と各原則の下にあるいくつかの指針から構成される。前記 1.(1)①のとおり SS コードの改訂版が公表されたため、本書

(注17) 改訂版 SS コード序文 12 項、CG コード原案序文 12 項。
(注18) 改訂版 SS コード 3 頁。

187

では改訂項目を中心に解説する。

① 原則1

> 原則1 機関投資家は、スチュワードシップ責任を果たすための明確な方針を策定し、これを公表すべきである。

1-1 ～ 1-5の指針が置かれており、そのうちの1-3 ～ 1-5が改訂版SSコードにおいて新設されたアセットオーナー（資金の出し手を含む「資産保有者としての機関投資家」）についての指針である。

機関投資家は、投資先企業との建設的な「目的を持った対話」などを通じて、当該企業の企業価値の向上やその持続的成長を促すことにより、顧客・受益者の中長期的な投資リターンの拡大を図るべきである（指針1-1）としている。こうした認識の下、スチュワードシップ責任をどのように考え、その考えに則って当該責任をどのように果たしていくのか、また、顧客・受益者から投資先企業へと向かう投資資金の流れ（インベストメント・チェーン）の中でどのような役割を果たすのかについての明確な方針を策定し、これを公表すべきである（指針1-2）とされている。

年金基金等のアセットオーナーは、インベストメント・チェーンにおいて、年金基金の加入者等の最終受益者の利益を確保する直接的な責務を負っている。それにもかかわらず、現状では、スチュワードシップ活動を自ら行わず、運用機関に依拠して実施しているケースが多い。

そこで、改訂版SSコードでは、「アセットオーナーは、最終受益者の利益の確保のため、可能な限り、自らスチュワードシップ活動に取り組むべきである」こと、また、「自ら直接的に議決権行使を含むスチュワードシップ活動を行わない場合には、運用機関に、実効的なスチュワードシップ活動を行うよう求めるべきである」ことが明記された（指針1-3）。具体的に

188

第7章　国際金融都市で求められる原則 ▼

は、アセットオーナーは、「運用機関に対して議決権行使を含むスチュワードシップ活動に関して求める事項や原則を明確に示すべきである」（指針1-4）とされた。また、運用機関のスチュワードシップ活動がアセットオーナーの方針に整合的なものとなっているかどうかについて、実効的に運用機関に対するモニタリングを行うべきである（指針1-5）とされる。

②　原則2

> 原則2　機関投資家は、スチュワードシップ責任を果たす上で管理すべき利益相反について、明確な方針を策定し、これを公表すべきである。

2-1～2-4の指針が置かれている。

機関投資家の中でも、運用機関は金融グループに属する企業であることが多い。金融グループ系列の運用機関の場合、当該グループに属する法人営業を行う企業の利益と当該運用機関の顧客・受益者の利益が相反し得る可能性や、これらの利益に影響を及ぼす事項について議決権を行使する場合などが問題視されている。

改訂版SSコードでは、運用機関に対し、「議決権行使や対話に重要な影響を及ぼす利益相反が生じ得る局面を具体的に特定し、それぞれの利益相反を回避し、その影響を実効的に排除するなど、顧客・受益者の利益を確保するための措置について具体的な方針を策定し、これを公表すべきである」としている（指針2-2）。

③　原則3

> 原則3　機関投資家は、投資先企業の持続的成長に向けてスチュワードシップ責任を適切に果たすため、当該企業の状況を的確に把握すべき

189

である。

3-1〜3-3の指針が置かれている。事業におけるリスク・収益機会の両面においてESG（環境・社会・ガバナンス）要素が重要と考えられることから、改訂版SSコードでは、機関投資家が把握すべき投資先企業の状況の一例として、「投資先企業のガバナンス、企業戦略、業績、資本構造、事業におけるリスク・収益機会（社会・環境問題に関連するものを含む）及びそうしたリスク・収益機会への対応」があげられている（指針3-3）。

④　原則4

> 原則4　機関投資家は、投資先企業との建設的な「目的を持った対話」を通じて、投資先企業と認識の共有を図るとともに、問題の改善に努めるべきである。

4-1〜4-5の指針が置かれている。「目的を持った対話」とは、「中長期的視点から投資先企業の企業価値及び資本効率を高め、その持続的成長を促すことを目的とした対話」を指す（指針4-1）。

日経平均株価やTOPIXなどの代表的なインデックスに連動した運用成果を目指すパッシブ運用が近年増加傾向にあるが、この「パッシブ運用は、投資先企業の株式を売却する選択肢が限られ、中長期的な企業価値の向上を促す必要性が高い」。それにもかかわらず、これまで機関投資家は投資先企業との対話に必ずしも積極的でなかったため、改訂版SSコードでは、機関投資家は、「パッシブ運用を行うに当たって、より積極的に中長期的視点に立った対話や議決権行使に取り組むべきである」とされた（指針4-2）。

このほか、改訂版SSコードでは、投資先企業との対話を複数の機関投

第 7 章 国際金融都市で求められる原則 ▼

資家が協働して行うこと（集団的エンゲージメント）が有益な場合もあり得ることが確認的に追記された（指針 4-4）。

⑤ 原則 5

> 原則 5 機関投資家は、議決権の行使と行使結果の公表について明確な方針を持つとともに、議決権行使の方針については、単に形式的な判断基準にとどまるのではなく、投資先企業の持続的成長に資するものとなるよう工夫すべきである。

5-1 〜 5-5 の指針が置かれている。改訂前の指針 5-3 では、機関投資家は議決権の行使結果を議案の主な種類ごとに整理・集計して公表すべきとされていた。しかし、改訂版 SS コードでは、特に金融グループ系列の運用機関において議決権行使をめぐる利益相反への適切な対応がなされていない事例が多いのではないかとの懸念を払拭するため、公表・説明の程度を一歩進める形に変更された。

すなわち、改訂後の指針 5-3 では、「機関投資家がスチュワードシップ責任を果たすための方針に沿って適切に議決権を行使しているか否かについての可視性をさらに高める観点から、機関投資家は、議決権の行使結果を、個別の投資先企業及び議案ごとに公表すべきである」とされた。さらに、「議決権の行使結果を公表する際、機関投資家が議決権行使の賛否の理由について対外的に明確に説明することも、可視性を高めることに資すると考えられる」旨、追記された。

近時、機関投資家の保有する上場会社の議決権行使に関し、機関投資家に株主総会の議案の賛否の推奨を行う議決権行使助言会社の存在感が増してきている。改訂版 SS コードでは、議決権行使助言会社自身が十分な経営資源を投入した上でサービスを提供することが重要であるとし、また、

191

業務の体制や利益相反管理、助言の策定プロセス等に関し、自らの取組み
を公表することを求めることとした（指針 5-5）。

⑥　原則 6

> 原則 6　機関投資家は、議決権の行使も含め、スチュワードシップ責
> 任をどのように果たしているのかについて、原則として、顧客・受益者
> に対して定期的に報告を行うべきである。

6-1 ～ 6-4 の指針が置かれている。機関投資家（運用機関及びアセットオー
ナー）には顧客・受益者に対してスチュワードシップ活動の実施状況等を
定期的に報告することが求められている。

⑦　原則 7

> 原則 7　機関投資家は、投資先企業の持続的成長に資するよう、投資
> 先企業やその事業環境等に関する深い理解に基づき、当該企業との対話
> やスチュワードシップ活動に伴う判断を適切に行うための実力を備える
> べきである。

7-1 ～ 7-4 の指針が置かれている。改訂版 SS コードでは、機関投資家の
経営陣は、スチュワードシップ責任を実効的に果たすために適切な能力・
経験を備えているべきであることと、スチュワードシップ活動の実行とそ
のための組織構築・人材育成に関して重要な役割・責務を担っていること
が明記された（指針 7-2）。
　また、スチュワードシップ活動は実効性が重要視されることから、改訂
版 SS コードでは、特に運用機関について、持続的な自らのガバナンス体
制・利益相反管理や、自らのスチュワードシップ活動等の改善に向けて、

192

各原則・指針の実施状況を定期的に自己評価し、結果を公表すべきであるとされた（指針7-4）。これは、指針1-5に追加されたアセットオーナーによる運用機関の選定・評価、運用機関に対するモニタリングにも有用となり、ひいては両者の取組みにより、運用機関のスチュワードシップ活動がより一層実効的なものとなることが期待される。

(2) SSコードの受入れを表明した機関投資家

金融庁では、SSコードの受入れを表明した機関投資家の一覧表を公表しており、2016年12月27日時点では合計214社の機関投資家等より受入れ表明がされている[注19]。

また、現在SSコードを受け入れている機関投資家については、遅くとも2017年11月末までに、改訂版SSコードの内容に項目をアップデートしたことの公表及び金融庁への通知が期待されている。

3 「上場企業が守るべき行動規範」の普及・定着の意義

日本再興戦略改訂2014によれば、「コーポレートガバナンスは、企業が、株主をはじめ顧客・従業員・地域社会等の立場を踏まえた上で、透明・公正かつ迅速・果断な意思決定を行うための仕組み」であり、「コーポレートガバナンスに関する基本的な考え方を諸原則の形で取りまとめることは、持続的な企業価値向上のための自律的な対応を促すことを通じ、企業、投資家、ひいては経済全体にも寄与する」として、かかる諸原則、すなわちCGコードの策定を具体的施策として掲げた[注20]。これを踏まえ

(注19) 金融庁「スチュワードシップ・コードの受入れを表明した機関投資家のリストの公表について（2016年12月27日更新）
(注20)「日本再興戦略改訂2014―未来への挑戦―」（2014年6月24日閣議決定）30～31頁。

CGコード原案が策定されたのであるが、国際金融都市の実現に向けて、SSコードと共にコーポレートガバナンス改革、機関投資家と企業との間の「建設的な対話」の促進が求められている。

(1) 5つの基本原則とその下の原則、補充原則

CGコードは5つの基本原則とその下の原則、補充原則を含む全部で73の原則から構成される[注21]。CGコード全体の解説は専門書に委ね、本書では「車の両輪」とされるSSコードとの関係を中心にいくつかの原則を紹介するに留める。

① 第1章：株主の権利・平等性の確保

> 基本原則1. 上場会社は、株主の権利が実質的に確保されるよう適切な対応を行うとともに、株主がその権利を適切に行使することができる環境の整備を行うべきである。
> また、上場会社は、株主の実質的な平等性を確保すべきである。
> 少数株主や外国人株主については、株主の権利の実質的な確保、権利行使に係る環境や実質的な平等性の確保に課題や懸念が生じやすい面があることから、十分に配慮を行うべきである。

基本原則1は、株主が上場会社における多様なステークホルダーの要であり、コーポレートガバナンスの主要な起点であることに基づくものである。国際金融都市を指向する観点からは、特に外国人株主の権利の実質的な確保、権利行使に係る環境や実質的な平等性の確保のための十分な配慮

(注21) CGコードは、東証以外の金融商品取引所に上場する会社にも適用されているが、73の原則すべてが適用されるかまたは5つの基本原則のみが適用されるかは各取引所の上場規程による。

第7章　国際金融都市で求められる原則 ▼

に言及されている点が注目される。

> 原則 1-1.　株主の権利の確保
> 　上場会社は、株主総会における議決権をはじめとする株主の権利が実
> 質的に確保されるよう、適切な対応を行うべきである。

> 補充原則 1-1 ①　取締役会は、株主総会において可決には至ったもの
> の相当数の反対票が投じられた会社提案議案があったと認めるときは、
> 反対の理由や反対票が多くなった原因の分析を行い、株主との対話その
> 他の対応の要否について検討を行うべきである。

　補充原則 1-1 ①は反対票が多い場合の株主との対話その他の対応を上場
会社に促すものである。

> 原則 1-2.　株主総会における権利行使
> 　上場会社は、株主総会が株主との建設的な対話の場であることを認識
> し、株主の視点に立って、株主総会における権利行使に係る適切な環境
> 整備を行うべきである。

　原則 1-2 は、上場会社の株主にとって、株主総会が議決権行使等を通じ
て上場会社に対して直接意見を発信することのできる数少ない機会である
ことを踏まえて置かれた原則である[注22]。

> 補充原則 1-2 ②　上場会社は、株主が総会議案の十分な検討期間を確

(注22) 油布志行ほか「『コーポレートガバナンス・コード原案』の解説〔Ⅰ〕」商事
　　法務 2062 号（2015）（以下「油布ほかⅠ」）53 頁。

195

保することができるよう、招集通知に記載する情報の正確性を担保しつつその早期発送に努めるべきであり、また、招集通知に記載する情報は、株主総会の招集に係る取締役会決議から招集通知を発送するまでの間に、TDnet や自社のウェブサイトにより電子的に公表すべきである。

　原則 1-2 の下には 5 つの補充原則があるが、特に補充原則 1-2 ②は、海外の機関投資家にとって有用な原則といえる。複数の上場会社に投資をしていることが一般的である機関投資家、特に海外の機関投資家にとっては、株主総会の開催時期の集中の問題もあり、議案の検討期間がきわめて限られているのが現状であり[注23]、株主総会の議案を十分に検討する期間を確保することが重要だからである。

　補充原則 1-2 ④　上場会社は、自社の株主における機関投資家や海外投資家の比率等も踏まえ、議決権の電子行使を可能とするための環境作り（議決権電子行使プラットフォームの利用等）や招集通知の英訳を進めるべきである。

　補充原則 1-2 ④（議決権電子行使プラットフォームの利用・招集通知の英訳）については、後記（2）を参照されたい。

　原則 1-4.　いわゆる政策保有株式
　上場会社がいわゆる政策保有株式として上場株式を保有する場合には、政策保有に関する方針を開示すべきである。また、毎年、取締役会で主要な政策保有についてそのリターンとリスクなどを踏まえた中長期的な経済合理性や将来の見通しを検証し、これを反映した保有のねら

(注23) 油布ほか I 53 〜 54 頁。

い・合理性について具体的な説明を行うべきである。

　上場会社は、政策保有株式に係る議決権の行使について、適切な対応を確保するための基準を策定・開示すべきである。

　政策保有株式については、従前より、提携等を通じて事業上の利益につながると考える上場会社の側と、利益率・資本効率の低下や財務の不安定化、株主総会における議決権行使を通じた監視機能の形骸化といった懸念等を有する株主・投資家の側の間とで、見解が対立してきた。

　原則1-4では、政策保有に関する開示の規律を強化することにより、上場会社と市場との対話を通じて合理的な解決策を見出すことに主眼を置いた[注24]。

②　第2章：株主以外のステークホルダーとの適切な協働

　基本原則2　上場会社は、会社の持続的な成長と中長期的な企業価値の創出は、従業員、顧客、取引先、債権者、地域社会をはじめとする様々なステークホルダーによるリソースの提供や貢献の結果であることを十分に認識し、これらのステークホルダーとの適切な協働に努めるべきである。

　取締役会・経営陣は、これらのステークホルダーの権利・立場や健全な事業活動倫理を尊重する企業文化・風土の醸成に向けてリーダーシップを発揮すべきである。

　上場会社の様々なステークホルダーをコーポレートガバナンス上どのように位置づけるかについては議論があるが、日本のCGコードは、株主以

（注24）油布志行ほか「『コーポレートガバナンス・コード原案』の解説〔Ⅱ〕」商事
　　　法務2063号（2015）（以下「油布ほかⅡ」）51～52頁。

外のステークホルダーとの協働について独立の章を設けている。

> 原則 2-1　中長期的な企業価値向上の基礎となる経営理念の策定
>
> 　上場会社は、自らが担う社会的な責任についての考え方を踏まえ、様々なステークホルダーへの価値創造に配慮した経営を行いつつ中長期的な企業価値向上を図るべきであり、こうした活動の基礎となる経営理念を策定すべきである。

　原則 2-1 では中長期的な企業価値向上の基礎となる経営理念に「様々なステークホルダーへの価値創造に配慮した経営」を行うことを織り込むことが想定されている点で、ステークホルダーの要である株主にとっても重要な非財務情報といえる。

> 原則 2-3　社会・環境問題をはじめとするサステナビリティーを巡る課題
>
> 　上場会社は、社会・環境問題をはじめとするサステナビリティー（持続可能性）を巡る課題について、適切な対応を行うべきである。

　原則 2-3 については、改訂版 SS コード 3-3 において機関投資家が把握すべき内容として社会・環境問題に関連するリスク・収益機会が挙げられていることとも対応していると考えられる。

③　第 3 章：適切な情報開示と透明性の確保

> 　基本原則 3.　上場会社は、会社の財政状態・経営成績等の財務情報や、経営戦略・経営課題、リスクやガバナンスに係る情報等の非財務情報について、法令に基づく開示を適切に行うとともに、法令に基づく開

第7章　国際金融都市で求められる原則 ▼

示以外の情報提供にも主体的に取り組むべきである。

　その際、取締役会は、開示・提供される情報が株主との間で建設的な対話を行う上での基盤となることも踏まえ、そうした情報（とりわけ非財務情報）が、正確で利用者にとって分かりやすく、情報として有用性の高いものとなるようにすべきである。

　基本原則3に付記されている「考え方」においては、「法令に基づく開示であれそれ以外の場合であれ、適切な情報の開示・提供は、上場会社の外側にいて情報の非対称性の下におかれている株主等のステークホルダーと認識を共有し、その理解を得るための有力な手段となり得るものであ」り、SSコードを踏まえた建設的な対話にも資する旨記載されており、情報開示は投資家との対話の前提といえる。

原則3-1　情報開示の充実

　上場会社は、法令に基づく開示を適切に行うことに加え、会社の意思決定の透明性・公正性を確保し、実効的なコーポレートガバナンスを実現するとの観点から、(本コード（原案）の各原則において開示を求めている事項のほか、)以下の事項について開示し、主体的な情報発信を行うべきである。

（ⅰ）会社の目指すところ（経営理念等）や経営戦略、経営計画

（ⅱ）本コード（原案）のそれぞれの原則を踏まえた、コーポレートガバナンスに関する基本的な考え方と基本方針

（ⅲ）取締役会が経営陣幹部・取締役の報酬を決定するに当たっての方針と手続

（ⅳ）取締役会が経営陣幹部の選任と取締役・監査役候補の指名を行うに当たっての方針と手続

199

> （ⅴ）取締役会が上記（ⅳ）を踏まえて経営陣幹部の選任と取締役・
> 監査役候補の指名を行う際の、個々の選任・指名についての説明

　CGコードでは、各原則において開示が求められている事項があるが、原則3-1は、それらのほかにも（ⅰ）から（ⅴ）までの重要事項について開示を求めている。たとえば（ⅰ）の経営理念等には通常、会社の価値観や事業活動の大きな方向性などが定められるものであり、会社がステークホルダーに配慮しつつどのように中長期的な企業価値向上を図っていくのかを理解する上で、株主等のステークホルダーにとって重要である。（ⅱ）のコーポレートガバナンスに関する基本的な考え方と基本方針は、海外でコーポレートガバナンス・ガイドラインと呼ばれるものに相当し、各上場会社のコーポレートガバナンスに対する姿勢が表れる点で重要視されている。

　この原則3-1において要請される情報開示は、機関投資家等との対話の前提をなすものである点で、機関投資家等が最も重視するポイントの1つである。

　補充原則3-1①　上記の情報の開示に当たっても、取締役会は、ひな型的な記述や具体性を欠く記述を避け、利用者にとって付加価値の高い記載となるようにすべきである。

　法令に基づく情報開示においては、虚偽の記載（違法）となるリスクを回避するため書きすぎないようにする風潮が見られた。

　補充原則3-1①は、法令に基づく場合とは異なり、CGコードに基づく情報開示については、むしろ十分な情報提供を行わないことなどの方がマーケットリスクがあると認識させ、利用者にとって実際に有用な情報と

なるような記載を促している[注25]。

　なお、法令が必ずしも求めていない記載という意味では、SS コード原則3（前記2.（1）③）にも記載されている ESG（環境・社会・ガバナンス）要素について、取締役会の考えをどのように投資家に示すのかという点も大切になる。

補充原則 3-1 ②　上場会社は、自社の株主における海外投資家等の比率も踏まえ、合理的な範囲において、英語での情報の開示・提供を進めるべきである。

　補充原則 3-1 ②は、各上場会社の海外投資家等の比率にもよるが、補充原則 1-2 ④（株主総会の招集通知の英訳）と同様に、国際金融都市を指向する観点からは実施が期待される（近時の集計結果によれば実施率は 70.63％である[注26]）。

④　第 4 章　取締役会等の責務

基本原則 4　上場会社の取締役会は、株主に対する受託者責任・説明責任を踏まえ、会社の持続的成長と中長期的な企業価値の向上を促し、収益力・資本効率等の改善を図るべく、
　(1) 企業戦略等の大きな方向性を示すこと
　(2) 経営陣幹部による適切なリスクテイクを支える環境整備を行うこと
　(3) 独立した客観的な立場から、経営陣（執行役及びいわゆる執行役員

（注 25）油布志行ほか『『コーポレートガバナンス・コード原案』の解説〔Ⅲ〕』商事法務 2064 号（2015）（以下「油布ほかⅢ」）37 頁。
（注 26）東証「コーポレートガバナンス・コードへの対応状況の集計結果（2017 年 7 月 14 日時点）」（2017 年 9 月 5 日）。

を含む）・取締役に対する実効性の高い監督を行うこと
をはじめとする役割・責務を適切に果たすべきである。

　こうした役割・責務は、監査役会設置会社（その役割・責務の一部は
監査役及び監査役会が担うこととなる）、指名委員会等設置会社、監査等
委員会設置会社など、いずれの機関設計を採用する場合にも、等しく適
切に果たされるべきである。

　第4章は、実効的なコーポレートガバナンスを実現するために、取締役
会が自らの役割と責務を適切に果たすための実効的な枠組みを示すことを
求めており、CGコードの中でも原則及び補充原則が最も多く規定されて
いる章である。

　役員報酬や独立社外取締役の選任などを含め議論が多いが、本書では敢
えてそれらの議論については省略し、投資家との建設的な対話の観点に関
する事項の一部のみ説明を加えることとする。

　原則4-1　取締役会の役割・責務（1）
　取締役会は、会社の目指すところ（経営理念等）を確立し、戦略的な
方向付けを行うことを主要な役割・責務の一つと捉え、具体的な経営戦
略や経営計画等について建設的な議論を行うべきであり、重要な業務執
行の決定を行う場合には、上記の戦略的な方向付けを踏まえるべきであ
る。

　補充原則4-1②　取締役会・経営陣幹部は、中期経営計画も株主に対
するコミットメントの一つであるとの認識に立ち、その実現に向けて最
善の努力を行うべきである。仮に、中期経営計画が目標未達に終わった
場合には、その原因や自社が行った対応の内容を十分に分析し、株主に

第7章　国際金融都市で求められる原則　▼

> 説明を行うとともに、その分析を次期以降の計画に反映させるべきである。

　日本の上場会社の多くが策定・公表する中期経営計画については、長期的な視点で対話を行うための土台として有益との評価がある一方で、そこで提示された目標の達成度合いが低く、計画実行力への信頼性が薄いとの指摘もある[注27]。そこで、原則4-1を補充する補充原則4-1②が設けられている。

　IR説明会、決算発表、株主総会等において株主に説明を行うための準備として、目標未達に終わった原因や自社が行った対応を分析し、その上で株主と対話することにより、原因分析や次期以降の計画に反映すべき対応がより明確になると思われる。

原則4-11　取締役会・監査役会の実効性確保のための前提条件

　取締役会は、その役割・責務を実効的に果たすための知識・経験・能力を全体としてバランス良く備え、多様性と適正規模を両立させる形で構成されるべきである。また、監査役には、財務・会計に関する適切な知見を有している者が1名以上選任されるべきである。

　取締役会は、取締役会全体としての実効性に関する分析・評価を行うことなどにより、その機能の向上を図るべきである。

> 補充原則4-11③　取締役会は、毎年、各取締役の自己評価なども参考にしつつ、取締役会全体の実効性について分析・評価を行い、その結

（注27）経済産業省「『持続的成長への競争力とインセンティブ〜企業と投資家の望ましい関係構築〜』プロジェクト最終報告書（伊藤レポート）」（平成26年8月）81〜82頁。

203

果の概要を開示すべきである。

　原則 4-11 を補充する補充原則 4-11 ③（取締役会の実効性評価）について
は後記（2）を参照されたい。

⑤　第 5 章　株主との対話

　基本原則 5　上場会社は、その持続的な成長と中長期的な企業価値の
向上に資するため、株主総会の場以外においても、株主との間で建設的
な対話を行うべきである。

　経営陣幹部・取締役（社外取締役を含む）は、こうした対話を通じて
株主の声に耳を傾け、その関心・懸念に正当な関心を払うとともに、自
らの経営方針を株主に分かりやすい形で明確に説明しその理解を得る努
力を行い、株主を含むステークホルダーの立場に関するバランスのとれ
た理解と、そうした理解を踏まえた適切な対応に努めるべきである。

　SS コードと CG コードは、いわば「車の両輪」として、株主と上場会
社との間の建設的な対話の実現を後押しすることにより、実効的なコーポ
レートガバナンスが実現されることが期待されている[注28]。

　すなわち、基本原則 5 に付記されている「考え方」に記載されていると
おり、「上場会社にとっても、株主と平素から対話を行い、具体的な経営
戦略や経営計画などに対する理解を得るとともに懸念があれば適切に対応
を講じることは、経営の正統性の基盤を強化し、持続的な成長に向けた取
組みに邁進する上で極めて有益である」。

　しかし、従前、上場会社の経営陣が株主と接する機会は限定されてい

（注28）油布志行ほか「『コーポレートガバナンス・コード原案』の解説〔Ⅳ〕」商事
　　　法務 2065 号（2015）（以下「油布ほかⅣ」）53 頁。

第7章　国際金融都市で求められる原則 ▼

た。そこで、上場会社に対し株主との間で建設的な対話を促す原則を置い
たものである。

原則 5-1　株主との建設的な対話に関する方針

　上場会社は、株主からの対話（面談）の申込みに対しては、会社の持
続的な成長と中長期的な企業価値の向上に資するよう、合理的な範囲で
前向きに対応すべきである。取締役会は、株主との建設的な対話を促進
するための体制整備・取組みに関する方針を検討・承認し、開示すべき
である。

　原則 5-1 については、株主との建設的な対話を促進するための体制整
備・取組みに関する方針が開示事項とされている。

　開示内容については、補充原則 5-1 ②において、株主との建設的な対話
を促進するための方針には、少なくとも、「個別面談以外の対話の手段（例
えば、投資家説明会や IR 活動）の充実に関する取組み」や「対話において
把握された株主の意見・懸念の経営陣幹部や取締役会に対する適切かつ効
果的なフィードバックのための方策」などを記載すべきであるとされてい
る。

原則 5-2　経営戦略や経営計画の策定・公表

　経営戦略や経営計画の策定・公表に当たっては、収益計画や資本政策
の基本的な方針を示すとともに、収益力・資本効率等に関する目標を提
示し、その実現のために、経営資源の配分等に関し具体的に何を実行す
るのかについて、株主に分かりやすい言葉・論理で明確に説明を行うべ
きである。

205

収益力・資本効率等に関する目標とその実現のための方策を株主と共有することは、上場会社と株主との関で建設的な対話を進める上で重要な基盤となると考えられる。

(2) CG コードへの対応状況

CG コードへの対応状況に係る直近の集計結果[注29]によると、全73原則をコンプライしている会社は25.9%（2016年12月末比＋6.0pt）、9割以上の原則をコンプライしている会社は88.9%（同＋4.2pt）であり、全体的にコンプライ率が上昇している。エクスプレイン率が高かった原則のうち、補充原則4-11③（取締役会の実効性評価）についてはコンプライが進んだとされている。当該評価の概要が開示されることで、株主等との建設的な対話の材料となり、結果としてステークホルダーの信認を獲得し、その支持基盤の強化につながることが期待できる[注30]。

エクスプレイン率が最も高い原則は補充原則1-2④（議決権電子行使プラットフォームの利用・招集通知の英訳）であるが、招集通知の一部のみを英訳するという対応を行った場合であっても、ただちにコンプライしていないことになるものではない。また、株式会社ICJにより運営されている議決権電子行使プラットフォームの利用以外の対応を行うことも可能であると解されている[注31]。各社の海外投資家の比率等にもよるが、国際金融都市を指向する観点からは、実施会社数の増加が期待される。

（注29）前掲注（26）。
（注30）油布ほかIV50頁。
（注31）金融庁「コーポレートガバナンス・コード（原案）主なパブリックコメント（和文）の概要及びそれに対する回答」（2015年3月5日）2頁質問4番に対する回答。

第 7 章　国際金融都市で求められる原則

 「投資家・顧客目線の業務運営」は国際金融都市の最低条件

　日本では人口の減少や高齢化が進む中、これまで蓄積された国民の資産を安定的に増大させることが喫緊の課題である。そのためには、金融事業者において顧客本位の業務運営が確立・定着していくよう取組みを推進することも重要と考えられている(注32)。

　すなわち、国民の安定的な資産形成を図るためには、金融商品の販売、助言、商品開発、資産管理、運用等を行う全ての金融機関等（金融事業者）が、インベストメント・チェーンにおけるそれぞれの役割を認識し、顧客本位の業務運営に努めることが重要である(注33)。

　国際金融都市を指向する観点からは、顧客本位の業務運営に努めることにより、貯蓄から投資への流れを加速させることで資産運用業界を発展させ、国民の安定的な資産形成につなげることが必要である。

(1) FD 原則の内容

　FD 原則は 7 つの原則から構成されるが、各原則には（注）の記載が付されている。金融事業者が FD 原則を採択する場合には、顧客本位の業務運営を実現するための方針の中に、（注）への対応方針（実施しない場合はその理由や代替策）も含める必要がある。

(注32) 石井一正ほか「顧客本位の業務運営に関する原則およびパブリックコメントの概要」金融法務事情 2069 号（2017）（以下「石井ほか」）28 頁。
(注33) 金融庁「金融審議会市場ワーキング・グループ報告～国民の安定的な資産形成に向けた取組みと市場・取引所を巡る制度整備について～」（2016 年 12 月 22 日）（以下「市場 WG 報告書」）2 頁。

① 原則1：顧客本位の業務運営に関する方針の策定・公表等

> 原則1. 金融事業者は、顧客本位の業務運営を実現するための明確な方針を策定・公表するとともに、当該方針に係る取組状況を定期的に公表すべきである。当該方針は、より良い業務運営を実現するため、定期的に見直されるべきである。

原則1は、金融事業者の行動・取組みの「見える化」を進めることで、顧客が自らのニーズや課題解決に応えてくれる金融事業者を主体的に選択できるようにするものである[注34]。（注）では、顧客にはインベストメント・チェーンにおける最終受益者としての顧客も含まれる旨注記されている。

② 原則2：顧客の最善の利益の追求

> 原則2. 金融事業者は、高度の専門性と職業倫理を保持し、顧客に対して誠実・公正に業務を行い、顧客の最善の利益を図るべきである。金融事業者は、こうした業務運営が企業文化として定着するよう努めるべきである。

（注）には、「金融事業者は、顧客との取引に際し、顧客本位の良質なサービスを提供し、顧客の最善の利益を図ることにより、自らの安定した顧客基盤と収益の確保につなげていくことを目指すべきである」と記載されている。顧客に対して誠実・公正に業務を行い、顧客の最善の利益を図ることが、長期的にみれば金融事業者の安定した顧客基盤と収益の確保をもたらすともいえる。

（注34）石井ほか29～30頁。

③ 原則3：利益相反の適切な管理

> 原則3．金融事業者は、取引における顧客との利益相反の可能性について正確に把握し、利益相反の可能性がある場合には、当該利益相反を適切に管理すべきである。金融事業者は、そのための具体的な対応方針をあらかじめ策定すべきである。

　原則3は利益相反の適切な管理を金融事業者に求めるものであり、(注)には利益相反の可能性の判断に当たって考慮すべき典型的なケースが示されている。

　たとえば、「販売会社が、金融商品の顧客への販売・推奨等に伴って、当該商品の提供会社から、委託手数料等の支払を受ける場合」があげられている。投資信託の販売でいえば、販売会社が運用業者から信託報酬の一部を手数料として受け取ることがある。その場合、顧客ニーズに適った商品ではなく手数料が多く入ってくる商品を推奨するインセンティブが働く可能性がある[注35]。原則3は、そのようなケースにおける具体的な対応方針の策定を金融事業者に求めるものである。

④ 原則4：手数料等の明確化

> 原則4．金融事業者は、名目を問わず、顧客が負担する手数料その他の費用の詳細を、当該手数料等がどのようなサービスの対価に関するものかを含め、顧客が理解できるよう情報提供すべきである。

　金融商品・サービスを選択する際に手数料等のコストは顧客にとって重要な判断要素となることから、手数料等の詳細を顧客が理解できるよう情

(注35) 石井ほか31頁。

報提供すべきとされた。

⑤　原則5：重要な情報の分かりやすい提供

> 原則5.　金融事業者は、顧客との情報の非対称性があることを踏まえ、上記原則4に示された事項のほか、金融商品・サービスの販売・推奨等に係る重要な情報を顧客が理解できるよう分かりやすく提供すべきである。

　重要な情報の分かりやすい提供を求める原則5の5つの(注)のうち、(注1)では、「顧客に販売・推奨等を行う金融商品・サービスについて、顧客との利益相反の可能性がある場合には、その具体的内容（第三者から受け取る手数料等を含む）及びこれが取引又は業務に及ぼす影響」等が「重要な情報」に含まれる情報として例示されている。

⑥　原則6：顧客にふさわしいサービスの提供

> 原則6.　金融事業者は、顧客の資産状況、取引経験、知識及び取引目的・ニーズを把握し、当該顧客にふさわしい金融商品・サービスの組成、販売・推奨等を行うべきである。

　原則6は、顧客にふさわしい金融商品・サービスについて販売・推奨だけでなく組成段階から行うことを規定している。金融商品取引法上の「適合性の原則」を満たした上でさらに、ベスト・プラクティスを追求することを期待するものである[注36]。

　4つの（注）のうち（注4）では、金融事業者が、従業員が金融商品の仕組み等に係る理解を深めるよう努めるとともに、顧客がその属性に応じ金

(注36)　石井ほか33頁。

210

第7章 国際金融都市で求められる原則 ▼

融取引に関する基本的な知識を得られるための情報提供を積極的に行うべきであるとする。

⑦ 原則7：従業員に対する適切な動機づけの枠組み等

> 原則7. 金融事業者は、顧客の最善の利益を追求するための行動、顧客の公正な取扱い、利益相反の適切な管理等を促進するように設計された報酬・業績評価体系、従業員研修その他の適切な動機づけの枠組みや適切なガバナンス体制を整備すべきである。

原則7は、金融事業者が、ベスト・プラクティスを実現するためには、その従業員がFD原則に沿って行動する必要があり、そのための適切な動機付けの枠組み等が必要であることから規定された[37]。

(2) FD原則の受入れ状況

金融庁では、FD原則を採択した金融事業者に対し、顧客本位の業務運営を実現するための明確な方針（以下「取組方針」）を策定・公表することを求め、取組方針を策定した金融事業者のリストを公表している。

金融庁の公表[38]によると、2017年9月末までにFD原則を採択し、取組方針を公表した金融事業者は736社であった。FD原則では、適用対象である「金融事業者」の定義、具体的な範囲については定めておらず、プリンシプルベース・アプローチに基づき、自ら関係あると考えた金融事業者に広く採択してもらうことが期待されている[39]。

また、顧客本位の業務運営の定着度合いを客観的に評価できるようにす

(注37) 石井ほか34頁。
(注38) 金融庁「『顧客本位の業務運営に関する原則』を採択し、取組方針を公表した金融事業者のリストの公表について」（2017年10月20日更新）。

211

るための成果指標（KPI）についても公表されている。KPIの好事例と考えられるものとして、投資信託の販売額上位10銘柄、投資信託販売に占める毎月分配型の販売額とそれ以外との比較等が参考としてあげられている(注40)。

 ## 5 「形式」から「実質」への変革の実現に向けて

　以上のとおり3つの原則自体は整備されたが、問題はその効果である。SSコードの適用から3年、CGコードの適用から2年が経過するが、形式的な対応に留まるとの指摘も少なくない。

　CGコードがそのような対応を戒めているのは前記のとおりである（たとえば、ひな型的な記述や具体性を欠く記述を避けることを求める前記3.(1)③の補充原則3-1①）。また、改訂版SSコードでも、たとえば、指針1-5において、アセットオーナーの運用機関に対するモニタリングについて、「『質』に重点を置くべき」「面談回数、面談時間等の形式的な確認に終始すべきではない」とされ、指針4-1の「目的を持った対話」についての脚注においても、「対話を行うこと自体が目的であるかのような『形式主義』に陥ることのないよう留意すべきである」と特記されていることも、形式的な対応に対する問題意識の表れといえる。最低基準（ミニマム・スタンダード）が形式的に守られているかではなく、実質的に良質な金融サービスが提供できているか（ベスト・プラクティス）という発想に転換することが重要である(注41)。

(注39) 金融庁「顧客本位の業務運営に関する原則（案）」の意見募集手続に係る同庁「コメントの概要及びそれに対する金融庁の考え方」(2017年3月30日) 10頁質問27番に対する回答、石井ほか29頁。

(注40) 金融庁「金融事業者による原則の採択等の状況について」(2017年7月28日)、金融庁・前掲注(38)。

また、これらのコードは定期的に見直しが予定されている。現に、コーポレートガバナンス改革を「形式」から「実質」へと深化させていくためには、機関投資家が企業との間で「深度ある『建設的な対話』を行っていくことが必要となる」として[注42]、SSコードの改訂が提言され、改訂版SSコードが策定されたところである。

以上の点で、CGコード・SSコードの真価が問われるのはこれからであると思われ、これからの対応が大切になる。

FD原則については、その実践により、「金融事業者が自ら主体的に創意工夫を発揮し、ベスト・プラクティスを目指して顧客本位の良質な金融商品・サービスの提供を競い合い、より良い取組みを行う金融事業者が顧客から選択されていくメカニズム」[注43]が実現されれば、国民も貯蓄だけではなく投資に積極的になり、国民の安定的な資産形成を図ることが可能となる。また、その前提として、金融商品・サービスの対象となり得る企業については、機関投資家と企業との建設的な対話が促進されることで、企業が持続的に成長し、顧客・受益者の中長期的な投資リターンの確保につながるものと考えられる。このような土壌が国際金融都市で求められている。

（注41）金融庁発表資料45頁。また、第5回懇談会議事録（2017年5月19日）29～30頁（金融機関サイドで、コンプライアンスを守っているというエビデンス（証拠）を作るために、本当にその精神においてコンプライアンスを行っているかというよりも、書面上、そういう確認をとるといったことに走りがちになるという点が懸念されている。油布志行氏発言）。

（注42）金融庁「機関投資家による実効的なスチュワードシップ活動のあり方 ～企業の持続的な成長に向けた「建設的な対話」の充実のために～「スチュワードシップ・コード及びコーポレートガバナンス・コードのフォローアップ会議」意見書（3）」（2016年11月30日）1頁。

（注43）市場WG報告書2頁。

終章

国際金融都市・東京のあり方：私案

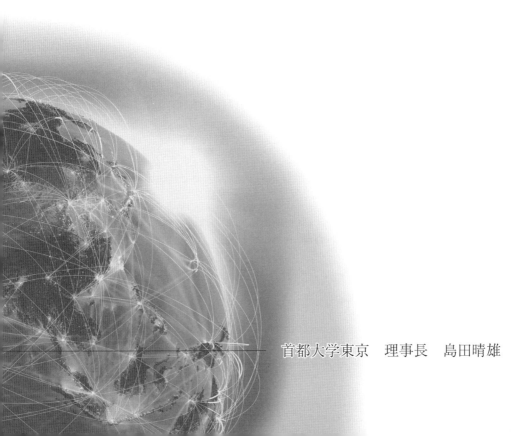

首都大学東京　理事長　島田晴雄

小池百合子東京都知事が、東京を国際金融都市にしたいとの意向を示され、その課題を討議するため、有識者を集めて「国際金融都市・東京のあり方懇談会」を設置され、2016年夏から鋭意議論を重ねてきた。私もその懇談会の末席に加えていただいた経緯があることから、私が考える国際金融都市東京のあるべき姿について小文を書かせていただく。

1　東京はアジアの金融中心都市に復活できるか

(1) 東京はかつてアジアの金融中心

　東京は30年前までは、アジアでは断然そして世界でも有数の（中国語風の表現を借りれば）"金融中心"だった。東京は、世界的関心を呼ぶ何かが起きると、ニューヨーク、東京、ロンドンとそれぞれ8時間くらいの時差の位置にあるので、ロンドンやニューヨークの市場関係者は、東京の市場が開くと、そこでどうなるかを固唾を呑んで見守るという、文字どおり世界の金融センターの役割を担っていたといえる。
　その最大の理由は、日本が高度経済成長の結果、アメリカに次ぐ世界第二の規模を持った経済になり、アジアでは東京一強という地位を確立していたことである。つまり、後背地の経済の大きさが世界的な凝集力をもったということである。

(2) 今は香港、シンガポール、上海

　30年後の今はどうか。アジアでは香港、シンガポールが"金融中心"になっている。
　例えば、グローバルな投資銀行であるGoldman Sachs社では、現在、そのスタッフを香港に6,000人、シンガポールに900人、東京には1,000

終章　国際金融都市・東京のあり方：私案 ▼

人を置く程度で、関係者によると東京の地位はあたかも香港の支店扱いといった様相という。

一体、この30年間で何が起きたのだろうか。3つほど変化を指摘しよう。

①東京の地盤沈下。日本は1990年代中盤から2010年代初めにかけて経済が長期に停滞し"失われた20年"と言われたが、その期間、経済成長がほとんど停止、デフレに沈潜し、しかも東日本大震災のような巨大な負の衝撃を受けた。

②香港・シンガポールの台頭。これらの都市は、後述する世界金融市場の構造変化をテコに、金融都市となるための思い切った戦略を実行した。

③上海の台頭。上海は当局の金融政策も市場制度も問題が多いが、30年間にわたり10％成長を続けた中国経済の巨大市場を背景とするその大きな可能性に世界が注目するようになった。

彼我の差を広げるこのような構造変化を通じて、東京はかつての地位を失い、大きく地盤沈下してしまったといえる。

(3) 金融市場と金融ビジネスの構造変化

上記のような相対的な地位の変化の根底には、実は、より根本的なメガトレンドの変化があった。3つのメガトレンドを指摘しよう。

①技術革新。ICT、情報技術、金融工学などの飛躍的発展。それらを背景にして金融商品の多様化、資金調達と投資方法の高度化、多様化が飛躍的に進んだ。

②リスクマネーの膨張。上記の変化も背景に、実質経済成長をはるかに上回るマネーとりわけリスクマネーが膨張した。

③世界の少数の資産家にますます富が集中した。

これらの変化をふまえてシンガポールや香港など新しい金融中心が台頭した。

217

そこでは、膨張したリスクマネーの高度な運用、資金の集中を促進する税制と戦略的な金融政策が採用され、資金運用の専門機関、投資家、金融市場をささえる人的インフラの集中と集積が進められた。こうした特徴や戦略は、ニューヨーク、ロンドン、チューリッヒなど伝統のある市場では当然推進されていたが、シンガポールや香港といったアジアの新興市場がこうした戦略で俄かに世界の金融中心の一角を占めたことは注目に値する。こうした動きの中で、東京は欧米のみならず、アジアの中でも新興諸都市に比べて大きく劣後してしまったのである。

(4) 東京は復活できるか

私たちの課題はこのような世界の歴史的、構造的変化を踏まえてなお東京が再び世界の金融都市として金融中心に復活できるか、その可能性と課題そしてそのための実行戦略を案出することである。

東京の、世界の金融中心への復活に向けてこれまでもさまざまな研究が行われまた提言が出されてきている。

私は今般の小池都知事の問いかけに多いに期待している。それはこれまでのように提言を出して終わりということではなく、小池都政らしい本格的な実行を期待しているからである。

2 金融都市への戦略変数

(1) 最大の戦略変数は税率・税制

金融都市を支える最大の戦略変数は税制であり、税率である。

法人税率を、最新時点で比較すると、東京は30.86％だが、これに比べ香港は16.5％、シンガポールは17％、ロンドンでさえ20％、上海は25％

終章　国際金融都市・東京のあり方：私案　▼

である。

　アメリカは州によって大きな違いがあるので、一概には言えないが、トランプ税制では20％を志向すると伝えられている。東京は数年後に29％を目指しているが、税率で見た場合、競争する前にすでに大差がついているというほかはない。

　もっともこれは、国の法人税率の話で、企業にとっては地方税やその他の諸税を合算した"実効税率"が重要だ。その意味では、東京は、法人関係の地方税として法人都民税、法人事業税、固定資産税の減免の余地もあり、法人実効税率は最大で数％は引下げが可能である。また国の仕組みとしての特区を活用した特区税制など工夫の余地はないわけではない。

　一方、日本は相続税が極めて高く、また所得税最高税率では日本は世界でも突出している。世界にはスイス、シンガポール、香港など相続税がない国や地域があり、それらと比べると東京も日本も著しく不利である。

　さらにPE（Private Equity）課税による日本と本国の二重課税の問題や「25％以上の株式保有者の5％以上売却」への内外課税は対日直接投資を大きく阻害している。そのうえ、最近、当局が強化している国外財産適用課税は、日本への投資を極端に不利にするおそれがあり、世界の資産家や投資家は東京立地を避ける傾向がある。

（2）税引後の収益力に着目せよ

　税引後の総合的な収益力にも注目する必要がある。たとえば、シンガポールのmatching fundの制度では投資家が調達した額の2倍まで当局がマッチングをしてくれるとされるが、そのような制度が適用されれば投資は極めて有利となり投資家には大きな魅力になるだろう。またシンガポールでは投資案件が成功した場合、10％の利率で債権を買い上げてくれる制度もあるという。東京の場合、税制に制約が大きいのであれば、このよう

219

なきめ細かい、かつ大胆な政策で資産運用家を支援し、彼らを誘引することも有力な選択肢になるだろう。

(3) 高度人材の仕事・生活環境も大切

　また高度人材を誘引するには仕事とならんで生活環境も極めて大切だ。
　若干の金融専門家、とりわけ夫人が外国人であるような専門家の話を聞くと、日本が仮に香港、シンガポールあるいはロンドンと同等な税率なら、彼らは断然、東京に住んで生活をし、仕事をしたいという意見だった。東京が生活環境として評価されていることには大いに自信を持って良いし、その強みをさらに生かすよう戦略的な努力をすべきだろう。

東京が目指し得る金融都市像

(1) 金融都市特区税制の実現を

　世界の金融都市・東京の復活のためには国税の大幅改革が不可欠である。また、地方税（法人課税諸税）でも特区を活用して工夫の余地はある。
　たとえば、限られた特区内で、事業税などいくつかの地方税の特例適用の余地はあるだろうし、地方課税の減免や所得控除の拡大なども可能性はある。また、国家戦略特区の指定法人の課税特例（設立後5年間の20％所得控除など）も援用し得る。
　そうした工夫をすれば、実効税率で2〜3％の削減は可能ではないか。
　しかし、それでも世界の税率競争に伍するのはかなり困難である。少しでも東京の競争力を高めるには国税の思い切った特区対応税制を実現することが、本格的な金融都市実現のためには極めて重要な要件と考える。

（2）資産運用の市場インフラの整備

　資産運用は戦略的に重要な分野だが、そのインフラには大きな改善の余地がある。

　たとえば、東京証券取引所の上場コストは、香港の24％、シンガポールの25％に比べればはるかに低廉である。この低コストを広く周知してアジア企業の上場を促進しアジアの金融センターとしての復活を目指すべきだ。ちなみに、上場の費用の中には取引所上場料金、証券会社（引き受け費：調達金額比）、弁護士、会計士などへの報酬が含まれるが、東京はアジアの諸都市に比べてもかなり安い。

　英語化も重要である。機関投資家への提出書類、役所への届出書類など書類等の原則英語化を１日も早く実現すべきだ。

　運用能力の高いヘッジファンド、Family office、プライベートバンクなどが活躍できる条件を整備する。既存の大銀行系でなく、独立系の多様な資産運用業者や専門家の集積を促進する。

　Family office も重要だ。Family office は資産家の資産の長期総合管理、法務、税務、金融・不動産、家族問題の助言など超富裕層に特化したサービスを提供するもので、スイスなど欧州で発達したが、近年は世界の金融センターで広く普及している。

　プライベートバンクも重要である。スイスに集まる資産家の資産の長期管理などの機関として発達し、プライベートバンク協会で組織化している。

　当然のことだが、市場の人的インフラとして弁護士、会計士、投資顧問など資産運用やコンサルティングの専門家の招致ならびに育成していくことが必要だ。さらに、戦略的提案力のある人材が必要である。日本では世界的な超富裕層というより、１～数億円の個人富裕層の厚みが国際的にみ

ても極めて大きい。このような中程度で数が多い富裕層投資顧問の活用を促進すべきではないか。個人資産の運用や保全で日本は機関投資家を偏重しすぎているきらいがあるが、もっと個人の専門家を招集・育成すべきだ。

(3) Fin Tech は有望なフロンティア

いま流行りの Fin Tech（Financial Technology）は多くの金融技術発展の総称で広義の概念だが、その中でとりわけ注目されるのは、Block Chain や仮想通貨（Bit Coin 等）であろう。Block Chain は基本インフラで、いうなれば取引の記録装置である。その記録は永久保存され、広く共有される。hazard があっても相互保全機能があり、既存のシステムにない記録の共有と保全の特性がある。Block chain 技術は、金融に限らず、広く多様な応用可能性があり、画期的な社会技術革命といえる。

Block chain と仮想通貨はまだ発展の草創期にある。Block chain の8割は中国、1割はアメリカにあり、日本はまだごく少数。しかし技術も応用もまだ草創期なので日本はこの分野ならまだ先端に立てる可能性がある。日本にとって有望なフロンティアではないか。

(4) 象徴としての Fin Tech センター設置を

東京に Fin Tech Center を構築し、最新の金融発展の世界センターとすることを提案したい。そこには Block Chain と仮想通貨のベンチャー企業をはじめ広義の Fin Tech 企業に集中的に入居してもらう。金融庁はじめ政府関連機関、日銀や主要銀行はじめ関連金融機関やその他技術開発や教育研究機関など関連諸機関が集中して入居しやすい環境と条件を整備する。

国際的にも大きく開放し、意欲ある世界のベンチャー企業や企業そして

国際機関などを誘致する。世界の高度人材、情報、資金などが集中する拠点とする。そこに行けば、いつも世界でもっとも会いたい人に会えるという場所を整備し、互いの交流と切磋琢磨が技術と応用の発展を促進するような環境を整える。

そこでは特区税制を実施する。たとえば、このセンター内では東京都の関連諸税の撤廃ならびに軽減が適用されるようにする。そうした減税による税収減収分はそこへのビジネスの集積と相乗効果による収益が大きく上回り、税の減収を補って余りあるだろう。国にも税制その他、有用な制度的対応を要請する。

世界が注目する金融センターがある。ボストンの Kendall Sq にもパリにもそうした金融センターが発展中である。その中でも、ロンドンのLevel 39 が有名だ。これは 2013 年設立。FinTech を中心とするスタートアップ企業のインキュベーション施設が中核だが、近隣に一流金融機関や金融庁（FCA）が立地、交流の拠点となっている。

日本では、例えば、三菱地所グループが丸の内に「フィノラボ」を設置してそうした相乗効果を活用すべく努力しているが、さらにたとえば、港区の中心部にいま構想されていると伝えられるインフラを活用して大規模な集積センターを構築しても良いのではないか。

（5）快適な生活環境のさらなる整備

先に紹介したとおり、東京の居住、生活環境の安全、安心、快適さは世界が周知しており、香港やシンガポールと税率が同じなら絶対に東京に住みたい、というのが、東京で活躍する国際金融ビジネスマンの家族の一致した見方という。この東京の傑出した強みは貴重な競争力なのでさらに磨きをかけるべきである。

4　快適生活環境は国際金融都市の重要基盤

①　東京の高い国際評価

　この点は先にもふれたが、たとえば森記念財団都市戦略研究所「世界都市力ランキング2016」は参考になる。そこでは東京の総合評価は、ロンドン、ニューヨークに次いで3位とされ、パリを抜いている。評価基準は経済、文化・交流、居住、研究・開発、交通、環境などである。

②　居住・仕事環境

　東京駅周辺、虎ノ門・六本木地区における職住近接化が進展しているが大いに充実すべきである。

③　医療・健康環境

　諸外国語で受けられる医療サービス、英語医師国家試験での特例診療などは重要。特に初期診療、健康相談・予防医療、専門診療科への案内、術前術後の療養対応が肝要。これらについては六本木ヒルズ、愛宕グリーンヒルズ、聖路加国際病院、慶応病院で実施しており、さらに八重洲、虎ノ門地区、などで取組みを進めているが、さらに強化・拡大していくべきである。

④　子育て・教育環境

　外国の高度人材は家族を大切にするので、優れたインターナショナルスクールは重要なインフラだ。インターナショナルスクールは東京の港区、世田谷区、江東区、練馬区そして23区外を含めて主な学校が現在、12校

ある。しかしその大部分は幼稚園→小中学校→高校という進学過程のうち、高校がないところが多い。その中で利用者の間では、一貫教育のKインターナショナルスクール東京の評価が高い。

そこは理事長である小牧夫妻の手作り良質教育が行われている。収容定員は20人程度で極めて小規模。小牧重機の売却資金を活用して江東区に設立された。インターナショナルスクールはこれから質的にも量的にも一層の充実が求められる。現在、森ビルが主体となった新たな計画が八重洲、虎ノ門、麻布台で進展中のようだが、大いに期待したい。

⑤ 娯楽・魅力（Entertainment）環境

東京では音楽、演劇、古典芸能、classic, pops, high → sub-culture、映画、美術館など多種多様な Entertainment が地域的にも渋谷、新宿、六本木、浅草・上野・両国、池袋など多様に展開しており、また世界の食はほとんど味わえる魅力がある。

以上が、私が考えるこれからの国際金融都市・東京のあり方の素描である。

巻末付録

「国際金融都市・東京」構想

～「東京版金融ビッグバン」の実現へ～

平成 29 年 11 月

東 京 都

出所：東京都政策企画局ホームページより

目　　次

Ⅰ　序論　　　　　　　　　　　　　　　　　　　　　　　　・・・　2

Ⅱ　東京が目指すべき国際金融都市像　　　　　　　　　　　・・・　3
　　（1）　東京の金融都市としての現状と成長戦略
　　（2）　世界に冠たる国際金融都市・東京の実現に向けた課題
　　（3）　東京が目指す国際金融都市の姿

Ⅲ　具体的施策　　　　　　　　　　　　　　　　　　　　　・・・　6
　1　魅力的なビジネス面、生活面の環境整備　　　　　　　・・・　8
　　（1）　税負担軽減に向けた見直し
　　（2）　金融系行政手続の相談体制及び英語化対応の強化
　　（3）　金融系外国人材が安心して活躍できる生活環境整備

　2　東京市場に参加するプレーヤーの育成　　　　　　　　・・・13
　　（1）　海外金融系企業の誘致
　　　①　インセンティブ、規制緩和等による誘致の促進
　　　②　官民一体となった海外プロモーション活動
　　　③　東京金融賞（仮称）の創設
　　（2）　資産運用業者の育成
　　（3）　フィンテック産業の育成
　　（4）　金融系人材の育成

　3　金融による社会的課題解決への貢献　　　　　　　　　・・・19

Ⅳ　構想実現に向けた体制　　　　　　　　　　　　　　　　・・・21

Ⅴ　「東京版金融ビッグバン」の実現へ　　　　　　　　　　・・・22

用語解説　　　　　　　　　　　　　　　　　　　　　　　　・・・23

— 1 —

Ⅰ　序論

　経済の血液と言われる「金融」の活性化は、世界の金融センターと言われているロンドンやニューヨークの例を待つまでもなく、都市の魅力や競争力維持のために不可欠なものであり、今後東京が世界的な都市間競争を勝ち抜き、成長していくために必須の要素といえる。

　金融の活性化については、これまでも様々なレベルで検討や取組が進められてきたが、一方で同じアジアの香港、シンガポールの発展などにより、東京をめぐる国際的な競争環境はより厳しさを増しているのが現実である。

　かつてロンドン、ニューヨークと並ぶ国際金融都市であった東京が、世界に冠たる国際金融都市としての地位を取り戻すためには、今回がラストチャンスとの危機感を持って、構造的・本質的な課題に踏み込み、抜本的な克服策を見いだしていかなければならない。また、これまで類似の検討が繰り返されてきた経緯を踏まえると、今回は単に議論で終えるのではなく、必ずや具体的な「行動」に結び付けていかなければならない。

　このため、東京都では平成 28 年 11 月、国内外の企業経営者や有識者等により構成される「国際金融都市・東京のあり方懇談会」＊（以下「懇談会」とする。）を設置し、約 1 年にわたって、金融の活性化や海外の金融系企業が日本に進出するに当たって障害となる課題や、課題解決に向けた方策について幅広く議論を行い、平成 29 年 10 月に最終とりまとめを行った。

　この「国際金融都市・東京」構想は、懇談会最終とりまとめを参考にしつつ、東京が世界に冠たる国際金融都市として輝くために今後実施していくべき取組を取りまとめたものである。

— 2 —

Ⅱ 東京が目指すべき国際金融都市像

（1）東京の金融都市としての現状と成長戦略

　まず、東京の現状についてであるが、国際金融都市としての世界的な地位を示す代表的な指標として、イギリスのシンクタンクであるZ／Yenグループが毎年2回（3月及び9月）取りまとめている「国際金融センターインデックス（ＧＦＣＩ）」がある。
　ＧＦＣＩは、金融関連の主要な定量データと金融市場関係者に対するアンケート調査の結果を指数化し、全体及び要素別にランキング化したものであり、東京の順位は近年、ロンドン・ニューヨーク・香港・シンガポールに次ぐ5位で推移している。（Chart1・2）
　さらに、主要5都市の過去10回のスコアの推移を見ると、直近の調査ではニューヨークが大きくスコアを落としたものの、全体のトレンドとしては、ロンドン・ニューヨークと香港・シンガポール、そして東京との間に明確な差が存在する。（Chart3）

＜Chart1：Z/Yen Group GFCI22 Overall＞

Rank	City	Rating
1	London	780
2	New York	756
3	Hong Kong	744
4	Singapore	742
5	Tokyo	725
6	Shanghai	711
7	Toronto	710
8	Sydney	707
9	Zurich	704
10	Beijing	703

＜Chart2：Z/Yen Group GFCI13～22 Tokyo`s Rank＞

Index Number (Y/M)	Rating	
GFCI13 (2013.3)	6	※5位：Zurich
GFCI14 (2013.9)	5	
GFCI15 (2014.3)	6	※5位：Zurich
GFCI16 (2014.9)	6	※5位：San Francisco
GFCI17 (2015.3)	5	
GFCI18 (2015.9)	5	
GFCI19 (2016.3)	5	
GFCI20 (2016.9)	5	
GFCI21 (2017.3)	5	
GFCI22 (2017.9)	5	

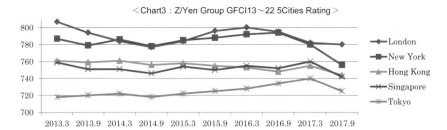

＜Chart3：Z/Yen Group GFCI13～22 5Cities Rating＞

　この背景について、いくつかの視点から分析すると、かつて東京がロンドン、ニューヨークと並ぶ国際金融都市であった時代、日本の銀行は個人から集めた預金などを原資に国内外の様々なプロジェクトに資金供給を行い、日本経済の発展に寄与してきた。

しかし、日本の銀行の預貸率が年々低下する一方、1,800 兆円に及ぶ日本の個人金融資産のかなりの部分が現金・預金に滞留している構造が続いている。

　一方、日本では少子高齢化の進展が進んでおり東京も例外ではない。今後、人口減少社会が本格的に到来する中にあって、東京が世界における都市間競争を勝ち抜いていくためには、持続的な経済成長を実現するとともに、都民一人一人が自らの持つ金融資産を有効に活用することを通じて、市場の資金の流れを活性化させていくことが不可欠である。

　具体的には、持続的な経済成長の実現という視点からは、今後の東京の経済を担う成長産業が発展していくことが不可欠であり、さらにはその成長・発展のための資金供給を通じて、経済全体を支える金融産業の活性化が重要といえる。
　また、都民一人一人が自らの持つ金融資産を有効に活用するという視点からは、運用主体としての金融産業の活性化、そして金融サービスに革新をもたらす先進分野であるフィンテック＊の成長は不可欠と考えられる。

　さらに、マクロ経済の面から考えても、我が国の金融・保険業がＧＤＰに占める割合を、5％に満たない現状からイギリスに近い 10％へと倍増させると、ＧＤＰを約 30 兆円押し上げる効果があると試算される。東京は国内外の様々な金融系企業が集積しているエリアであり、これら金融産業を活性化するとともに、ここから今後成長が期待されるＩｏＴ＊、ＡＩ、フィンテックといった先進分野に対し積極的にリスクマネー＊が供給され、これらの産業を活性化させることが東京の成長戦略の中核になる。
　このような観点から、東京都では、国際金融都市・東京の実現を、都の成長戦略に掲げる5つの戦略（ＦＩＲＳＴ戦略）のＦ（Finance）＊として位置付けている。

（2）世界に冠たる国際金融都市・東京の実現に向けた課題
　一方で、金融面における東京の課題として、具体的に以下のようなものがある。

① **アジア域内における国際金融都市・東京のステータスは、香港、シンガポールといった都市の発展により優位性が低下**している。
　例えば都市内における外国銀行の数を見てみると、香港、シンガポールには 100 以上の外国銀行があるにも関わらず東京には 60 弱しか存在していない。
　（香港・東京は 2015 年時点、シンガポールは 2016 年時点）

② 国際金融都市としてのステータスが低下するということは、**国内外の優秀な金融関係の人材や、そういった人材を有する金融機関にとって東京の魅力が減る**ことを意味する。
　その結果、東京に存在する金融機関に対し、海外からの運用資金、金融に関する最新の情報・技術が届きにくくなり、東京に存在する金融機関から顧客にとって魅力ある金融商品が誕生せず、**都民、国民の資産形成に悪影響を及ぼす可能性**がある。

③ 冒頭にも述べたとおり、**日本の銀行の預貸率が年々低下している一方、日本の個人金融資産のかなりの部分は預金・貯金に滞留している状況**にあるが、今後、国内経済を活性化させていくためには、**預金・貯金として滞留している資金が成長分野への投資に回る状況を創る**必要がある。
④ 成熟した都市・東京が世界的な国際金融都市になるためには、多くの金融機関が集積しているなどといったビジネス面の魅力のみならず、**東京が金融の分野において世界の模範になるような行動を進める都市**になる必要がある。

(3) 東京が目指す国際金融都市の姿
　東京が置かれたこのような環境や課題をクリアして、国際金融都市・東京が具体的に目指す姿として、以下の4つの都市像がある。今後、都が国や関係する民間事業者との連携の下、具体的な行動を起こし、これら4つの国際金融都市像を実現していく。

① **アジアの金融ハブ**としての国際金融都市・東京
　～東京が、日本国内の豊富な個人金融資産を、日本を含むアジアの成長に資金供給していくためのハブになる。
② **金融関係の人材、資金、情報、技術が集積**する国際金融都市・東京
　～東京が、優秀な金融関係の人材が集い、世界中から運用資金や情報が集まり、高度な金融技術を有する金融系企業が集う都市になる。
③ **資産運用業とフィンテック企業の発展に焦点**をあてた国際金融都市・東京
　～資産運用業とフィンテック企業が発展することで、東京の金融業が活性化される。
④ **社会的課題の解決に貢献**する国際金融都市・東京
　～金融系企業の行動規範としてグローバルなトレンドとなっている投資家・顧客本位、ＥＳＧ投資＊を取り込み、社会的課題の解決に貢献する都市になる。

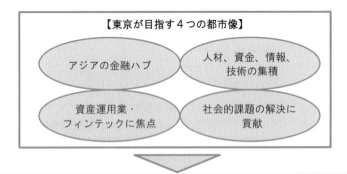

Ⅲ　具体的施策

　懇談会最終とりまとめでは、国際金融都市・東京の実現に向けた様々な施策の提言とともに、今後の進め方として、以下の３点が示された。

① 国際金融都市に向けた検討は何度も繰り返されてきたが成果が出ていないとの反省に立ち、**小さな成果であってもスピード感を持って対応し、それを一歩ずつ積み上げていくべき**
　（小さく生んで大きく育てる）

② 懇談会で必要性は認識されながらも、**十分に検討が尽くされていない論点を整理し、今後取るべき具体的アクションを明らかにする**作業を継続していくべき。

③ 国際金融都市構想は、都のみならず国、民間との連携が不可欠であり、一過性のものに終わらず中長期にわたって継続していくことが必要。構想の発表がゴールではなく、**官民連携体制の下で、構想の推進と残された課題の検討を行うべき**。

　この３点の提言を踏まえ、それぞれに対応する形で、

① **スピード**
　具体的なアクションを第一に、スピード感を持って変化を起こしていく。

② **チャレンジ**
　これまで取り組まれてこなかった本質的・抜本的な課題に対しても処方箋を示し、積極果敢に挑戦する。

③ **コラボレーション**
　官民問わず国内・外の関係者と連携して、構想を推進するために効果的な体制を構築する。

　の３点をポイントに、Ⅲ及びⅣにおいて、今後取り組むべき施策とその方向性、さらにはこれらの施策の推進体制を明らかにする。

　まずⅢでは、国際金融都市・東京の実現に向けて必要とされる多岐にわたる施策を、「魅力的なビジネス面、生活面の環境整備」「東京市場に参加するプレーヤーの育成」「金融による社会的課題解決への貢献」の３つの柱に整理して体系的に示すとともに、それぞれの施策についての課題、これまでスピード感を持って取り組んできたアクション、今後挑戦するチャレンジの内容等について明らかにしていく。

国際金融都市・東京の実現に向けた具体的施策

ポイントは「スピード」「チャレンジ」「官民連携（コラボレーション）」

懇談会の意見等から見る東京の課題

構想における具体的施策

東京がアジアの金融ハブとなり、金融関係の人材・資金・情報・技術が集積していくためには、英語が公用語である香港・シンガポールに負けないだけのビジネス・生活環境の整備が不可欠である。

【魅力的なビジネス面、生活面の環境整備】
▷税負担の軽減
▷行政手続等における利便性向上
▷外国人の生活環境の整備

金融関係の中でも、リスクマネーの供給を担う資産運用業と、近年成長産業の1つとして注目を集めるフィンテック企業の人材・資金・情報・技術の集積促進は喫緊の課題であり、東京において海外からの誘致と国内での育成を強力に進める必要がある。

【東京市場に参加するプレーヤーの育成】
▷海外金融系企業の誘致
▷資産運用業者の育成
▷フィンテック産業の育成

国際金融を巡る都市間競争の中で、東京市場が健全な成長・発展を遂げるためには、東京の金融系企業が投資家・顧客本位の業務運営を徹底するとともに、社会的課題の解決に進んで貢献する環境づくりが必要となる。

【金融による社会的課題解決への貢献】
▷東京市場における「投資家・顧客ファースト」の徹底の促進
▷ESG投資の普及促進

1 魅力的なビジネス面、生活面の環境整備

➢ 他都市の金融センターと比較した東京市場に求めるニーズとして、海外金融系企業からは、優遇税制、英語対応を含めた行政手続の利便性、医療、教育などの生活環境の整備等が挙げられている。世界銀行が毎年発表するビジネスのしやすさランキングの最新版「ビジネス環境の現状 2018」[1]においても、我が国のビジネス環境に関する順位は、他の先進国と比べて、必ずしも良いものとは言えない。

➢ 昨年東京都は、金融庁、有識者及び民間事業者とともに、「海外金融系企業の誘致促進等に関する検討会*」を立ち上げ、これらの課題の解決に向けて検討を進め、平成 28 年 12 月に、短期的に対応できる事項を中心とした「海外金融系企業の誘致促進等に向けた当面の対応*」をとりまとめた。

➢ それに従い、平成 29 年度から一部の取組が開始されたところであるが、これらの課題は一朝一夕で解決できるものではなく、新たな施策を含めて継続的な取組を進めていくことにより東京市場に対するイメージを変え、海外金融系企業やそこで働く有能な人材を惹きつけ、定着を図っていくことが必要である。

魅力的なビジネス面、生活面の環境整備		
	海外金融系企業 にとってのビジネス環境の充実	外国人高度金融人材 にとっての生活環境等の充実
税負担	▷法人二税に係る政策減税 ▷法人税の軽減	▷相続税の見直し
行政手続等	▷金融ワンストップ支援サービス* 　の充実／「ファストエントリー」 　の実現 ▷金融ライセンス登録手続に関する 　英語解説書の整備 ▷英語申請等東京開業ワンストップ 　センター*の利便性向上	
生活環境	－	▷特区を活用した職住近接化プロ 　ジェクトの推進 ▷高度金融人材等による家事使用人 　利用の促進 ▷LGBT*の高度金融人材の活躍推進

企業と高度人材にとって、ビジネスと生活がしやすい都市を実現

---

[1] http://www.doingbusiness.org/reports/global-reports/doing-business-2018
世界銀行が 2017 年 10 月 31 日に発表。世界 190 カ国・地域のビジネスのしやすさを順位付けしたランキングで、日本は 34 位と前年と変わらなかった。

（1）税負担軽減に向けた見直し

主な取組		
法人二税に係る政策減税	課題	都の法人実効税率は 30.86%（平成 29 年 11 月現在）と、シンガポールや香港などのアジアの他の主要都市と比べると高く、とりわけ海外の金融系企業が東京に進出する際には、大きなコスト要因の 1 つとなっている。
	具体的な取組	➢ 資産運用業及びフィンテック企業の新規参入促進につながるよう、政策減税の早期の実施を目指し、具体的な制度設計を進める。
法人税の軽減	課題	都の法人実効税率は 30.86%（平成 29 年 11 月現在）と、シンガポールや香港などのアジアの他の主要都市と比べると高く、とりわけ海外の金融系企業が東京に進出する際には、大きなコスト要因の 1 つとなっている。
	具体的な取組	➢ 内閣府に対し、国家戦略特区における所得控除の対象に資産運用業及びフィンテック企業を加えることを働きかけ、内閣府から財務省に一定の金融事業等も対象とするよう、平成 30 年度税制改正要望が提出された。 ➢ 上記要望の早期実現を含め、今後とも国に対して、法人税の軽減について、「国の施策および予算に対する提案要求」の機会などを活かして働きかけを続ける。
相続税の見直し	課題	平成 29 年税制改正により、日本に長期滞在している外国人（直近 15 年のうち滞日が 10 年超の者）に対し、離日後も最長 5 年間、当該外国人あるいはその親族が亡くなった場合、日本国内の財産のみならず日本国外の財産についても相続税が課されることになったため、今後、外国人の高度金融人材及びその親族が、相続税の負担を嫌い、日本から出ていく可能性がある。
	具体的な取組	➢ 当該規定の見直しに関する問題提起を行い、関係機関と認識を共有した結果、金融庁の平成 30 年度税制改正要望において、財務省に対して当該税制改正要望が提出された。 ➢ 今後とも、早期の実現を目指し、関係機関と連携しながら、「国の施策及び予算に対する提案要求」の機会などを活かして働きかけを続ける。

— 9 —

（2）金融系行政手続の相談体制及び英語化対応の強化

主な取組		
金融ワンストップ支援サービスの充実／「ファストエントリー」の実現	課題	海外の金融系企業が東京に進出する際、言語や日本進出に際しての行政手続や生活環境などの面で悩みや課題を抱えることが多く、その解決に向けた一体的な支援が必要。
	具体的取組	➢ 平成29年4月から、丸の内で「金融ワンストップ支援サービス」を開始。海外金融系企業の日本進出に際して、法人設立や金融業の登録など拠点設立に係る様々な悩みや課題の解決に向けて、金融庁の「金融業の拠点開設サポートデスク*」とも連携しながら、一体的に支援している。 ➢ 今後、海外金融系企業の参加するイベントや「Access to Tokyo」（P.14参照）を活用し、周知を図る。 ➢ また、都による誘致関係のインセンティブが付与された企業など、確実に都内に拠点を置くことが見込まれる海外金融系企業を対象に、金融庁と連携しつつ、金融業の登録申請等をスムーズに進める「ファストエントリー」を実現していく。
金融ライセンス登録手続に関する英語解説書の整備	課題	海外の金融系企業から、日本の金融関係法令・規制や金融ライセンスの登録手続などを、実務上の対応を含めて理解するのが難しいとの意見が多く寄せられている。
	具体的取組	➢ 平成29年9月に、金融庁の監修の下、日本の金融関係法令・規制、金融業の登録申請手続等を、過去の実績や事例等も紹介しながら分かりやすく解説した英語解説書を初めて整備した。 ➢ 今後、国や民間事業者・団体等の協力を得つつ、金融関係のイベントで英語解説書を配布するなど、東京進出に関心のある海外の金融系企業に対し、積極的な周知活動を行う。
英語申請等東京開業ワンストップセンターの利便性向上	課題	日本では開業に必要な手続きを行うためには複数の行政窓口を訪れなければならないため、複雑でわかりにくく、さらに金融関係を含めた行政手続などを英語で行うことができないため、日本語で逐一行わなくてはならないのが煩雑、との意見が金融系を含む海外企業から多く寄せられている。
	具体的取組	➢ 東京開業ワンストップセンターの更なる利便性向上を図る観点から、赤坂に加えて、平成29年4月に渋谷、7月には丸の内に新たにサテライトセンターを開設した。

主な取組		
英語申請等東京開業ワンストップセンターの利便性向上	具体的取組	➢ 今後、国内外へ向けたPR動画を作成するほか、創業支援施設及び起業家教育を行う教育機関へのPRや、都が実施するイベント・SNSでの情報発信等を通じて周知を図る。 ➢ 東京開業ワンストップセンターにおいて、英語申請を導入し、外国人の開業手続の利便性向上を図る。 そのため、まずは平成 29 年中に国税及び都税の税務ブースにおける英語申請を開始するとともに、その他のブースへの英語申請の可能性を検討する。

（3）金融系外国人材が安心して活躍できる生活環境整備

主な取組		
特区を活用した職住近接化プロジェクト等の推進	課題	外国人の高度金融人材が、言語の違いなどに不便を抱くことなく生活し、仕事において十分なパフォーマンスを発揮できるようにするためのニーズとして、外国人向けの医療・教育環境等の充実が数多く寄せられている。
	具体的取組	➢ 東京駅周辺、虎ノ門等の地区で、インターナショナルスクール、サービスアパートメント等を整備する都市再生プロジェクトについて、平成 29 年 9 月に、都市計画法等の特例が認定された。 ➢ 平成 28 年 9 月に、学校法人聖路加国際大学聖路加国際病院及び同病院附属クリニック聖路加メディローカス、平成 29 年 10 月に、トウキョウ メディカル エンド サージカル クリニックにおいて、新たに特区を活用し外国人医師による外国人患者の診療を開始した。 ➢ 今後とも、国家戦略特区等を活用して、金融系外国人材等向け生活環境整備の取組を更に推進していく。

主な取組		
高度金融人材等に よる家事使用人利 用の促進	課題	海外の高度金融人材からは、外国人の家事使用人や親の帯同のニーズが高く、国際金融都市・東京の実現に向けては、家事支援に係る環境整備を図る必要がある。
	具体的取組	➢ 家事代行サービス事業者の裾野の拡大を図るため、平成 29年 8 月に、事業者向け家事支援外国人受入事業セミナーを開催し、家事代行サービス事業者の裾野の拡大を促した。 ➢ 平成 29 年中に、利用者向けセミナーを開催し、広くサービスの普及を図る。 ➢ また、特区による家事使用人や親の帯同要件の更なる規制緩和については、国に対して働きかけを続け、早期の提案実現を目指す。
ＬＧＢＴの 高度金融人材の 活躍促進	課題	ＬＧＢＴのうち、外国で有効に成立した同性婚による配偶者は、原則在留が認められるが、パートナーシップ制度に基づく公的な登録を行った同性パートナーは、在留が認められない。 そのため、一方のパートナーが高度人材として在留できても、一方のパートナーの在留が認められないことで、都内進出を見合わせてしまい、高度人材の集積を妨げるおそれがある。
	具体的取組	➢ 平成 29 年 9 月に、高度外国人材の受入促進による金融系外国企業等の進出の加速化、ＬＧＢＴの方々も活躍できるダイバーシティ実現の観点から、同性パートナーの在留に係る特例の創設を提案した。 ➢ 今後も国に対して働きかけを続け、早期の提案実現を目指す。

2 東京市場に参加するプレーヤーの育成

➤ 東京市場にイノベーションを起こすとともに事業者間の競争を促進することで、都民に低廉かつ良質な金融サービス、商品が提供されるよう、国内の金融人材の育成に加え、国内外問わず、金融関係の新たなプレーヤーが東京市場に参入することを促進する必要がある。

➤ とりわけ、国民の安定的な資産形成や成長産業へのリスクマネーの供給という重要な役割を持ちながらも、欧米諸国と比べて規模が劣ると言われる資産運用業や、金融サービスの高度化や成長産業の発展に向けて新たなビジネス手法を提供するフィンテックに焦点を当てて、平成29年度〜32年度の4年間で資産運用業及びフィンテック系の外国企業40社を誘致する目標の達成などのため、東京市場への参入を促進する施策を講じていく。

東京市場に参加するプレーヤーの育成

	海外金融系企業の誘致	国内外金融系企業の育成	金融系人材の育成
資産運用業者	▷インセンティブ、規制緩和等による誘致の促進 ▷官民一体となった海外プロモーション活動 ▷東京金融賞（仮称）の創設	▷新興資産運用業者育成プログラム（EMP）*等の導入 ▷資産運用業者の体制構築に向けた支援 ▷資産運用業者と国内機関投資家のマッチング機会の創出	▷高度金融専門人材の育成 ▷東京都における国際金融人材の計画的な育成 ▷金融教育等の充実
フィンテック企業		▷アクセラレータプログラム*の実施による革新的なビジネスの開発 ▷フィンテック等のイノベーション活性化に向けた環境づくり	

国内外の金融系企業と高度金融人材が集積する都市を実現

（1）海外金融系企業の誘致

① インセンティブ、規制緩和等による誘致の促進

主な取組		
誘致企業に対するインセンティブの付与	課題	国際的な都市間競争の中で、海外で既に一定の実績を有する金融系企業に対し、新たな市場調査や日本語対応等のコストが負担となる東京への進出を促すためには、一定の魅力あるインセンティブが必要である。
	具体的取組	➤ 平成 29 年度から誘致企業に対する市場調査、ビジネスプラン策定等に関する無償コンサルティングを実施している。 ➤ あわせて、弁護士や税理士などの専門家相談経費及び人材採用経費等についての補助制度を新たに創設した。
誘致企業の高度金融人材に対する高度人材ポイントの特別加算制度の創設／「アクセラレータプログラム」参加者が創業活動を行うための在留資格特例の創設	課題	海外金融系企業の誘致に向けては、誘致企業で働く外国人がよりスムーズに、かつ有利な資格でもって日本に赴任し、就労できる環境の整備が必要。
	具体的取組	➤ 平成 29 年 4 月に、先進的なフィンテック企業等の誘致促進及び海外からの高度金融人材の受入促進のため、都が今年度から開始したアクセラレータプログラムの参加者等に対する在留資格特例及び高度金融人材に対する高度人材ポイントの特別加算の創設を提案した。 ➤ 今後も国に対して働きかけを続け、早期の提案実現を目指す。
「Access to Tokyo」を活用したスピーディーな誘致活動の展開	課題	海外金融系企業等の誘致に向けては、現地の大使館や商工会議所などと連携を深め、有望な企業の情報を常時収集することが不可欠である。
	具体的取組	➤ 平成 29 年 5 月にロンドン、パリ、サンフランシスコの 3 都市に大使館、商工会議所等の「海外ハブ組織」との連携窓口「Access to Tokyo」を創設し、常駐のスタッフによる海外ハブ組織及び現地企業からの情報収集、問合せ対応、情報発信等を開始した。 ➤ また、平成 30 年度には、有望な企業の情報を様々なルートから更に収集することで、スピーディーな誘致活動につなげるため、連携窓口を拡充する。 ➤ この窓口機能を活用し、フィンテック企業等が参加するセミナーを海外都市で開催し、投資先としての東京の魅力を積極的に情報発信していく。

② 官民一体となった海外プロモーション活動

主な取組		
海外プロモーション活動の実施及びプロモーション組織の設立	課題	ロンドンやシンガポールなど海外の主要金融都市には、金融に係る海外プロモーション組織が存在し、金融の活性化に資する様々な取組を行っている。一方で、日本（東京）にはそのようなプロモーション組織が存在しておらず、国際金融都市としての総合的な情報発信・交流が十分でない。
	具体的取組	➤ 本年 11 月の知事によるシンガポール出張を皮切りに、海外都市において国際金融都市・東京の魅力を発信し、海外金融系企業の誘致を促すプロモーション活動について、官民一体となって実施していく。 ➤ プロモーション組織の設立に向け、平成 30 年度に官民の実務担当者の間で、海外主要都市の例も参考にしつつ、プロモーション組織の体制、当該組織が担う業務の範囲とその対象、財源を含む収支スキーム等について検討した上で、一定の合意を得ることを目指す。

③ 東京金融賞（仮称）の創設

主な取組		今後の取組
東京金融賞（仮称）の創設及び表彰事業の実施	課題	アジアのライバルであるシンガポールには、国民から課題を集め、それに対し金融ツールを用いた解決策を対象とした表彰制度が存在するが、東京には海外から多くの注目を集める金融分野の賞が存在していない。 また、金融の活性化を通じて、行政が目指す社会的課題の解決にもつなげていくためには、都民の目線や持続可能な都市づくりの視点を十分に取り入れることが必要である。
	具体的取組	➤ 平成 30 年度中にも、「国際金融都市・東京」の象徴として、東京金融賞（仮称）を創設する。 都民のニーズ等の解決に資する画期的な金融商品・サービスの開発・提供を行う金融事業者に加え、ＥＳＧ投資の普及を実践する金融事業者を表彰することを通じ国際金融都市としてのプレゼンスを向上していく。 ➤ 表彰に当たっては、国内のみならず、海外の事業者も広く対象とすることにより、受賞者の東京への誘致につなげる。

（2）資産運用業者の育成

主な取組		
新興資産運用業者育成プログラム（EMP）等の導入	課題	日本には諸外国の国際金融センターと比べ資産運用業者が少ないことに加え、欧米やシンガポールなどで見られるような、機関投資家等が新興資産運用業者に対して資金を預け、育成につなげていく環境が十分に整っていない。
	具体的取組	➢ 平成29年度中に、新興資産運用業者の育成を図るため、都がEMPの認知度向上を図るセミナーを開催し、国内機関投資家によるEMP導入を促進する。 ➢ さらに、平成30年度には国内機関投資家に対して、新興資産運用業者向け運用資金を提供するインセンティブを与える仕組みを作り、国内機関投資家等と連携しながら「東京版EMP」の創設を目指す。
資産運用業者の体制構築に向けた支援	課題	国内外の資産運用業者からは、創業期の課題として、ミドル・バックオフィス業務＊による負担が重いとの声が多く聞かれている。今後、資産運用業者の誘致・育成を更に促進していくためには、これらの負担軽減を図っていく必要がある。
	具体的取組	➢ 人的資源等が限定されている創業期の資産運用業者が、主たる業務である運用業務に経営資源を集中できるよう、ミドル・バックオフィス業務に係る負担を軽減する仕組みを検討する。
資産運用業者と国内機関投資家のマッチング機会の創出	課題	東京への進出に興味があり、海外における資産運用実績はあるものの、日本国内におけるトラックレコード（運用実績）がない海外の資産運用業者にとって、国内機関投資家とのマッチング機会が十分ではなく日本進出前に十分な活動を行うことができない。
	具体的取組	➢ すでに実施している日本未進出の海外資産運用業者に対する日本進出検討の支援に加え、平成30年度には海外の資産運用業者と国内機関投資家との間で、マッチング機会を創出する。

— 16 —

（3）フィンテック産業の育成

主な取組		
アクセラレータプログラムの実施による革新的なビジネスの開発	課題	フィンテックなどの先進的な分野において、海外企業の誘致を効果的に進めるためには、既に海外で実績を上げた企業だけでなく、スタートアップ企業についても東京に呼び込み、定着を図っていく取組が必要である。
	具体的取組	➢ 平成29年度には、革新的なイノベーションの創出、都民の利便性向上及び都内経済の活性化を図るため、フィンテック、IT及びブロックチェーンの3分野において、新たに東京都アクセラレータプログラムを開始したところであり、今後も着実に実施していく。 ➢ フィンテック分野では、8月に応募のあった16カ国52のスタートアップ企業から7カ国8企業を選定したところであり、選定企業に対して国内金融機関等の協力の下、プログラムを短期間で集中的に実施している。
フィンテック等のイノベーション活性化に向けた環境づくり	課題	東京では、民間によるフィンテックベンチャー施設の充実をはじめ、フィンテックのエコシステムの萌芽が現れている一方で、産官学の横の連携が希薄である。
	具体的取組	➢ 起業家、大手企業、投資家、研究機関等の様々なプレーヤーが集積・連携したフィンテックエコシステム（東京版フィンテックセンター）等の早期形成に向けて関係者に働きかけるとともに、その形成・発展を促進する対策を講じる。 ➢ あわせて、諸外国においてフィンテックの育成のために活用されている「レギュラトリー・サンドボックス*」について、政府における検討の動き等を踏まえ、東京都で対応可能な取組を検討する。

— 17 —

（4）金融系人材の育成

主な取組		
高度金融専門人材の育成	課題	東京を国際金融都市・東京として持続的・中長期的に成長させていくためには、金融系企業の誘致・育成と併せて、その担い手となる高度金融専門人材を東京で育成することが必要である。
	具体的取組	➢ 高度金融専門人材等の育成によりイノベーションを促進するために、首都大学東京大学院ビジネススクールにおいて高度金融専門人材養成プログラムを着実に推進するとともに、新たにフィンテックやESG投資など、社会の実勢を捉えたセミナー、シンポジウムなどを同プログラムにおいて展開することにより、金融専門人材の育成を促進する。また、他大学におけるファイナンス教育プログラムとの連携も含め、様々な機関との連携・協力を検討する。
東京都における国際金融人材の計画的な育成	課題	今後、東京都が国内外の関係者等と調整の上、着実に構想に掲げる各施策を実施していくため、国際金融を巡る最新の情報や金融の実務・制度等に精通した人材を継続的に育成する必要がある。
	具体的取組	➢ 平成 28 年度から、金融機関のロンドン拠点に都職員を継続的に派遣し、国際金融に精通した人材を育成している。 ➢ 新たに国（金融庁）に対する都職員の派遣を検討するなど、計画的に国際金融に精通した人材を育成していく。
金融教育等の充実	課題	日本の強みとされる 1,800 兆円に上る国内の家計金融資産は、現時点では預金等が過半を占めており、安定的な家計金融資産の形成や金融市場の活性化に向けては、都民の金融リテラシーの向上が課題となっている。
	具体的取組	➢ 首都大学東京オープンユニバーシティにおいて実施している、都民向けの資産形成に関する基礎講座を今後も着実に実施していく。 ➢ 平成 29 年度中に、金融庁及び厚生労働省との連携の下、つみたてNISAやiDeCoをテーマとした一般都民向けの資産形成セミナーを実施する。加えて、都庁職員向けにも、金融庁で導入される「職場つみたてNISA」の実施などの普及促進策を検討する。 ➢ 平成 30 年度には、男性に比べて投資経験者が少なく、株式購入などの投資を行わない割合が高いとされる女性に対する金融リテラシーの向上を図る取組を実施するとともに、民間団体が実施する若年層向け金融経済の教育イベントを支援するなど、継続的に貯蓄から投資へという流れを形成・促進する。

3 金融による社会的課題解決への貢献

- 国際金融都市・東京に国内外から人材、資金、情報、技術が集まるためにも、また国民、都民が安心して資産形成を行えるようにするためにも、東京市場において金融商品の販売、助言、商品開発、資産管理、運用等のインベストメント・チェーンに含まれる全ての金融機関等が、投資家や顧客の目線に立った業務運営を実行する必要がある。

- 金融商品の販売・開発に携わる金融機関や、家計や年金等の機関投資家の資産運用・管理を受託する金融機関のそれぞれに対して、利益相反の適切な管理や運用高度化等を通じ、真に顧客・受益者の利益にかなう業務運営がなされるよう、世界的に見て当然の行動規範ともいえる「投資家・顧客ファースト」の視点を徹底していく。

- また、持続可能な社会の実現に貢献するとして国連が責任投資原則を提唱するなど、世界的に注目されつつあるESG投資についても、その動きを東京市場に積極的に取り込んでいく。これらの取組を通じて金融による社会的課題の解決に貢献していく。

金融による社会的課題解決への貢献	
「投資家・顧客ファースト」を徹底する企業等に対する後押し	社会的課題の解決に貢献する環境づくり
顧客本位の業務運営（フィデューシャリー・デューティー）*の徹底に向けた取組	グリーンファイナンスの利用促進
コーポレート・ガバナンスコード*の徹底に向けた取組	東京金融賞（仮称）の創設及び表彰事業の実施
スチュワードシップ・コード*の徹底に向けた取組	

東京市場の健全な成長・発展を後押し

金融を通じて社会的課題を解決する都市を実現

— 19 —

主な取組		
顧客本位の業務運営（フィデューシャリー・デューティー）の徹底に向けた取組	課題	家計の安定的な資産形成の実現に向けては、国内金融系企業において顧客本位の業務運営が定着し、都民が安心して投資を行うことができる環境の整備が必要である。
	具体的取組	➢ 東京都が実施する金融系企業への支援策の実施に当たり、「顧客本位の業務運営に関する原則」の採択を組み込むなど、金融庁と連携しながら、顧客本位の業務運営の定着を促進する。
コーポレートガバナンス・コード、スチュワードシップ・コードの徹底に向けた取組	課題	投資先の企業価値を高め、投資家である都民にとってのリターンを向上させるためには、適正な行動原則の下、機関投資家と上場企業の間で、中長期的な視点に立った建設的な対話が積極的に行われることが必要である。
	具体的取組	➢ （一社）日本取締役協会が実施する「コーポレートガバナンス・オブ・ザ・イヤー」に、平成 29 年度から金融庁、経済産業省等とともに後援を行うことに加え、当該表彰において都知事賞を創設する。 ➢ 東京都が実施する金融系企業への支援策の実施に当たり、「スチュワードシップ・コード」の受入れを組み込むなど、金融庁と連携しながら、国内金融系企業の間において、スチュワードシップ・コードの受入れ及び遵守を促進する。
グリーンファイナンスの利用促進	課題	東京が環境先進都市として成長を遂げるためには、民間や都民の資金が環境対策に流れる仕組みの整備が必要である。
	具体的取組	➢ 平成 29 年度中に、第三者機関の評価を受けた「東京グリーンボンド*」を総額 200 億円規模で発行する。 ➢ また、平成 30 年度には、金融リテラシーの向上に向けた取組の一環として、グリーンファイナンスの普及啓発を図っていく。
東京金融賞（仮称）の創設及び表彰事業の実施		2（1）③のとおり

Ⅳ 構想実現に向けた体制

Ⅲに掲げた多岐にわたる施策は、東京都だけで実現することはできず、金融庁をはじめとする国の行政機関、金融業界をはじめとする民間事業者、教育機関等の協力が不可欠であり、これらの機関との連携を一層深めていく。（下図）

加えて、**海外プロモーション活動など構想推進の一翼を担う、官民一体となった「東京版金融プロモーション組織」についても、懇談会での議論を踏まえ、平成 30 年度に官民の実務担当者の間で、海外主要都市の例も参考にしつつ、プロモーション組織の体制、当該組織が担う業務の範囲とその対象、財源を含む収支スキーム等について検討した上で、一定の合意を得ることを目指す。**

また、国際金融センターインデックスにおいて長く世界トップを占めるイギリス・ロンドンは、東京にとってライバルであると同時にその取組は参考となるところが大きく、**ロンドンの金融機能の中枢を占める City of London と東京都の間で、金融分野のイベント、金融教育プログラム、グリーンファイナンス等の連携を内容としたＭｏＵ（合意書）を締結**する。

このほか、官民の動きとして、金融手続の利便性向上のため国の金融窓口機能の移転等の体制整備の検討や公認会計士協会が進める国際会計基準（ＩＦＲＳ）*の任意適用企業の拡大促進、国が進める国際仲裁の活性化に向けた基盤整備など、様々な取組が見られており、こうした取組の実現もまた、東京の国際金融都市としての地位を高めることにつながると考えている。

今後は、官民・国内外のコラボレーションの下、各々の強みを活かしつつ、一体的かつ迅速に構想を推進していく。

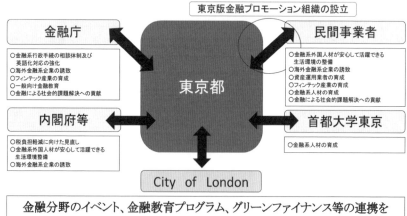

V 「東京版金融ビッグバン」の実現へ

　東京における金融の活性化は、金融業の活性化に留まらず、東京の産業全体の発展や都民の暮らしの向上につながっていくと考えている。

　つまり、「東京の経済活性化」というスマートシティのみならず、新たな金融サービスや成長産業の発展による「安全・安心な都市」、そして国内外から人材が集積した「多様性」豊かな都市、いわゆる「３つのシティ」の実現に貢献するものである。

　都としてはⅣに掲げるコラボレーション体制の下で、常にスピードとチャレンジを意識してⅢに掲げる施策に全力で取り組んでいく決意を改めて宣言する。そして、これらの施策の実施等を通じて、**東京がアジア・ナンバーワンの国際金融都市として輝く**ことを目指していく。

　東京都としては、一人でも多くの国内外の金融に関わる関係者に本構想をご覧いただき、「東京版金融ビッグバン」の実現に向けて、各取組への積極的な参加を呼びかけたい。

スピード	チャレンジ
＜可能なものから速やかに実施＞	＜抜本的・本質的な対策を実施＞

コラボレーション
＜官民・国内外の連携＞

アジア・ナンバーワンの国際金融都市

※「国際金融センターインデックス」（Ｚ／Ｙｅｎグループ）５位（2017年９月）

用 語 解 説

語句	意味
国際金融都市・東京の あり方懇談会 （P. 2）	東京がアジア・ナンバーワンの国際金融都市の地位を取り戻すため、金融の活性化や海外の金融系企業が日本に進出するに当たって障害となる課題について幅広く洗い出し、その解決に向けた抜本的対策について議論を行うべく、平成28年11月に設置された懇談会。平成29年5月に中間のとりまとめを、同年10月には最終とりまとめを行った
フィンテック （P. 4）	Finance×Technology の造語で、先端技術を用いた革新的金融サービスが、新たな事業を生み出し、資金の流れを変えていく動き
IoT （P. 4）	コンピュータなどの情報・通信機器だけでなく、世の中に存在する様々な物体（モノ）に通信機能を持たせ、インターネットに接続したり相互に通信することにより、自動認識や自動制御、遠隔計測などを行うこと
リスクマネー （P. 4）	元本割れの可能性があるリスク資産に投資する資金
5つの戦略 （FIRST戦略） （P. 4）	平成28年12月に東京都が出した「2020年に向けた実行プラン」で示された戦略。金融（Finance）、イノベーション（Innovation）、強みを伸ばす（Rise）、誰もが活躍（Success）、最先端技術（Technology）の頭文字を並べたもの。「世界で一番」、「東京が先頭に立って挑戦」という方向性を提示
ESG投資 （P. 5）	頭文字はE（環境、Environment）、S（社会、Social）、G（企業統治・ガバナンス、Governance）をそれぞれ意味する。世界が貧富の格差問題、ボーダーレス化する地球環境問題や企業経営のグローバル化に伴う様々な課題に直面する中で、企業への投資は、短期的ではなく長期的な収益向上の観点とともに、持続可能となるような国際社会づくりに貢献するESGの視点を重視して行うのが望ましいとの見解を国際連合が提唱した。その結果、ESGの視点で投資を行う金融機関が欧米を中心に広がっている
海外金融系企業の誘致 促進等に関する検討会 ／海外金融系企業の誘 致促進等に向けた当面 の対応 （P. 8）	検討会のメンバーである金融庁や民間事業者等とともに、資産運用会社やフィンテック等の誘致促進等に向けた実務的な検討を行うため、平成28年11月に設置された懇談会。検討会での議論等を踏まえ、同年12月に平成29年度から着手する「海外金融系企業の誘致促進等に向けた当面の対応」を取りまとめた

— 23 —

用 語 解 説

語句	意味
金融ワンストップ支援サービス （P.8）	東京都が平成29年4月1日に開始したサービス。都内に拠点設立を検討している海外金融系企業を対象に、金融庁と連携しながら行政手続の支援や総合的なコンサルティング等を提供する。また、「金融窓口相談員」が海外金融系企業の相談を伺い、内容に応じて金融専門家等を紹介する
東京開業ワンストップセンター （P.8）	東京都が内閣府と共同で平成27年4月に開設。 外資系企業やベンチャー企業等の開業手続を一元化する我が国初の取組。行政手続に精通している職員又は専門家によるFace to Faceの対応により、法人設立や事業開始時に必要な定款認証、登記、税務、年金・社会保険、入国管理等の各種手続に迅速に対応。また、企業の要望に応じ、電子申請のサポート及び多言語による通訳や翻訳サービスを提供する
ＬＧＢＴ （P.8）	Lesbian（レズビアン：女性同性愛者）、Gay（ゲイ：男性同性愛者）、Bisexual（バイセクシュアル：両性愛者）、Transgender（トランスジェンダー：身体の性と異なる性別で生きる人、あるいは生きたいと望む人）の性的マイノリティ（性的少数者）の頭文字をとって作られた用語
金融業の拠点開設サポートデスク （P.10）	金融庁が平成29年4月1日に開設した相談窓口。日本への拠点開設を検討中の海外金融事業者から、日本拠点開設に係る金融法令等に関する相談を受け付ける
新興資産運用業者育成プログラム（EMP） （P.13）	Emerging Managers Programの略。アセットマネージャーを志す候補者を発掘して資金を提供し、若手のマネージャーの育成を支援すること
アクセラレータプログラム （P.13）	ベンチャー企業がリーディングカンパニーへと成長するための場として、1クール（数か月）の間にメンター陣等の指導を受けながら、事業プランのブラッシュアップなどを行うプログラム
ミドル・バックオフィス業務 （P.16）	資産運用業における業務運営体制として、マーケットと相対し株式や債券等の売買を行う業務を「フロントオフィス」と称するのに対し、「ミドルオフィス」とはフロントオフィスから独立した立場でファンドの運用評価やリスク管理などを行う業務を、「バックオフィス」とはフロントオフィスで執行された取引の約定処理や投資信託の基準価額算出などを行う業務を指す

—24—

用 語 解 説

語句	意味
レギュラトリー・サンドボックス （P.17）	「規制の砂場」とも呼ばれ、新事業を育成する際に現行法の規制を一時的に停止する規制緩和策。現行法を即時適用することなく、安全な実験環境を提供することでイノベーションを促進する取組
顧客本位の業務運営 （フィデューシャリーデューティー） （P.19）	金融商品の販売、助言、商品開発、資産管理、運用等のインベストメント・チェーンに含まれる全ての金融機関等において、最終的な資金提供者・受益者の利益を第一に考えた業務運営
コーポレートガバナンス・コード （P.19）	上場企業に対して、幅広いステークホルダー（株主、従業員、顧客、取引先、地域社会等）と適切に協働しつつ、実効的な経営戦略の下、中長期的な収益力の改善を図ることを求める行動原則
スチュワードシップ・コード （P.19）	機関投資家（年金基金やその委託を受けた運用機関等）に対して、企業との対話を行い、中長期的視点から投資先企業の持続的成長を促すことを求める行動原則
グリーンボンド （P.20）	温室効果ガス削減や環境対策など、気候変動問題に取り組むプロジェクトに必要な資金を調達するために自治体や企業が発行する債券のこと
国際会計基準 （IFRS） （P.21）	独立民間非営利の基準設定機関である国際会計基準審議会（IASB）によって設定されている会計基準であり、英語での正式名称はInternational Financial Reporting Standards。 2016年12月現在、ヨーロッパ・中東を中心に119法域（≒カ国）において全てまたは大部分の主要企業に対し強制適用されている。 　（日本は任意適用、アメリカはIFRSを適用せず自国基準を使用）

＜執筆者略歴＞

序
小池　百合子
　1952年7月15日兵庫県生まれ。1976年10月カイロ大学文学部社会学科卒業。1992年7月参議院議員。1993年7月衆議院議員。2003年9月環境大臣。2004年9月内閣府特命担当大臣（沖縄及び北方対策）兼任。2006年9月内閣総理大臣補佐官（国家安全保障問題担当）。2007年7月防衛大臣。2010年9月自民党総務会長。2011年10月予算委員会理事。2016年7月東京都知事。

第1章
安東　泰志
　1958年京都府生まれ。東京大学経済学部卒業・シカゴ大学経営大学院修了。1981年三菱銀行（現三菱東京UFJ銀行）入行、1988年より、東京三菱銀行ロンドン支店にて、非日系企業ファイナンス担当ヘッド。1996年東京三菱銀行企画部、1998年同行投資銀行企画部次長。2002年フェニックス・キャピタル（現・ニューホライズン キャピタル）を創業し、代表取締役に就任（現職）。2016年9月東京都顧問（現職）。その間、東急建設株式会社社外取締役、三菱自動車工業株式会社取締役、世紀東急工業株式会社社外取締役、ティアック株式会社社外取締役、株式会社日立ハウステック取締役、株式会社たち吉取締役（現職）を歴任。事業再生実務家協会理事、日本取締役協会監事。

第2章
大崎　貞和
　1963年兵庫県生まれ。1986年3月東京大学法学部卒業後、株式会社野村総合研究所入社。1990年11月ロンドン大学法科大学院修士課程修了（LL.M.）、1991年11月エディンバラ大学ヨーロッパ研究所修士課程修了（LL.M.）。野村総合研究所資本市場研究室長等を経て、現在、同社未来創発センター主席研究員、東京大学客員教授。規制改革推進会議専門委員、東京都公金管理アドバイザリー会議委員等の公職も務める。主な著書に『フェア・ディスクロージャー・ルール』日本経済新聞出版社（2017年）、『ゼミナール金融商品取引法』日本経済新聞出版社（共著、2013年）など。

第3章
須田　徹
　1946年9月新潟県生まれ。1969年3月関西学院大学商学部卒業後、等松・青木監査法人（現“有限責任監査法人トーマツ”）大阪事務所入所。通算5年半のニューヨーク事務所勤務を経て1983年8月同監査法人社員就任。2000年6月税理士法人トーマツ（現“デロイト トーマツ税理士法人”）の前身である勝島敏明税理士事務所に移籍し、2002年5月同税理士法人理事長に就任。2009年1月同税理士法人を退任し、公認会計士・税理士として現在に至る。

第4章

有友　圭一

　1968 年神戸市生まれ。一般社団法人国際資産運用センター推進機構（JIAM）の理事及び発起人。「国際金融都市・東京のあり方懇談会」委員及び斉藤惇座長の座長補佐を務める。機械学習とビックデータ解析を活用した投資分析プラットフォームを提供する Kensho Technologies, Inc. の日本における代表者。前職は北米、欧州、東南アジア、日本において、マッキンゼー、デロイト、PwC において金融とテクノロジー担当パートナーを歴任。著書に「金融機関の新・顧客データ戦略」（きんざい、中国語版は上海交通大学出版社）、「金融犯罪対策の手引き」（きんざい）など多数ある。米国公認会計士、英国 Warwick 大学 MBA、名古屋工業大学工学修士（都市交通工学専攻）。

岩倉　友明

　1975 年東京都生まれ。一般社団法人国際資産運用センター推進機構（JIAM）事務局長。2000 年に東京証券取引所に入社後、売買審査部、人事部、考査部、経営企画部、株式会社日本取引所グループ総合企画部を経て、2016 年 10 月より現職。明治大学法学部卒、東京大学特任研究員（東京証券取引所からの派遣）。

Jason Bellamy

　1960 年生まれ。一般社団法人国際資産運用センター推進機構（JIAM）シニア・アドバイザー。1984 年モルガン・スタンレー入社。大和証券、クレディー・スイス、UBS、クロスビー証券を経てインドスエズ W.I. Carr 証券会社東京支店長を務める。1998 年、バンク・オブ・ハワイにてプライベート・バンカー担当。2002 年、ミョウジョウ・アセット・マネージメントを設立、ヘッジ・ファンド業務に携わる。2011 年、英スタンダード・ライフ・インベストメンツにてインベストメント・ディレクターとして機関投資家・リテール向けの ファンド 販売に従事。2014 年より三井住友信託銀行の顧問。ロンドン・スクール・オブ・エコノミックス（ロンドン大学）経済学部卒。

Jim Lee

　1978 年生まれ。一般社団法人国際資産運用センター推進機構（JIAM）シニア・アドバイザー。金融・教育関連スタートアップ企業に対する投資とインビュベーション業務を展開するPYTH 株式会社の創業者兼代表取締役マネージング・ディレクター。前職はみずほフィナンシャルグループ、サムスングループ等においてリース、証券化、M&A、インフラ、投資ファンド運用業務などクロスボーダー関連業務を歴任。大学時代には IT ベンチャーを起業し、米国系投資家へ売却。CFA 協会認定証券アナリスト、GARP 認定金融リスクマネジャー（FRM）、延世大学コンピューターサイエンス学部卒。

第4章（補）

山田　朋弘

　1973 年神奈川県生まれ。1996 年 3 月東京理科大学理工学部経営工学科卒業後、日興證券株式会社（現 SMBC 日興証券株式会社）入社。1998 年 12 月、日興国際投資顧問株式会社（現日興アセットマネジメント株式会社）転籍。債券運用部国内債券チームファンドマネジャー、経営企画部、リスクマネジメント部長等を経て、2014 年 9 月から 2017 年 8 月まで一般社団法人日本投資顧問業協会（出向）調査役。現在、日興アセットマネジメント株式会社機関投資家

営業企画部シニアマネジャー。

第5章
山岡　浩巳

　1963年生まれ。1986年東京大学法学部卒業。日本銀行入行。1990年カリフォルニア大学バークレー校ロースクール卒業（法律学修士）。日本銀行パリ事務所、同調査統計局景気分析グループ長、同企画室企画第1課調査役、同金融機構局参事役・大手銀行担当総括、IMF日本国理事代理、バーゼル銀行監督委員会メンバー、日本銀行金融市場局長等を経て、2015年9月より日本銀行決済機構局長。米国ニューヨーク州弁護士。

第6章・終章
島田　晴雄

　1965年3月慶應義塾大学経済学部卒業。1967年3月慶應義塾大学大学院経済学研究科修士課程修了。1970年3月慶應義塾大学大学院経済学研究科博士課程修了。1974年1月ウィスコンシン大学博士課程修了。経済企画庁経済研究所客員主任研究官、慶應義塾大学経済学部教授、マサチューセッツ工科大学訪問教授、東京大学先端科学技術研究センター客員教授、株式会社富士通総研経済研究所理事長、慶應義塾大学名誉教授（現職）、千葉商科大学学長等を経て、2017年4月から公立大学法人首都大学東京理事長。内閣府特命顧問、政府税制調査会委員・特別委員、財政制度等審議会委員・臨時委員、産業構造審議会委員等を歴任。

第7章
鈴木　由里

　1997年早稲田大学法学部卒業。2001年弁護士登録と同時に渥美臼井法律事務所（現渥美坂井法律事務所・外国法共同事業）入所。2002年8月から2003年7月まで国内大手証券会社出向。2005年ニューヨーク大学法学修士（LL.M.）、2006年ニューヨーク州弁護士登録。2005年9月から2006年7月まで米国カークランド＆エリス法律事務所に客員弁護士として勤務。現在、渥美坂井法律事務所・外国法共同事業シニアパートナー。

三部　裕幸

　2002年早稲田大学法学部卒業。2003年弁護士登録。2010年コロンビア大学法学修士（LL.M.）、2012年ニューヨーク州弁護士登録。2010年から2011年まで米国Pillsbury Winthrop Shaw Pittman LLP（ニューヨーク）にて勤務。2012年渥美坂井法律事務所・外国法共同事業入所。現在、渥美坂井法律事務所・外国法共同事業パートナー。

畑　英一郎

　2002年東京大学法学部卒業。2005年弁護士登録と同時に渥美総合法律事務所・外国法共同事業（現渥美坂井法律事務所・外国法共同事業）入所。2010年バンダービルト大学法学修士（LL.M.）、2011年ニューヨーク州弁護士登録。2010年9月から2011年6月までLuther Rechtsanwaltsgesellschaft mbH（ドイツ・デュッセルドルフ）にて勤務。現在、渥美坂井法律事務所・外国法共同事業シニアパートナー。

国際金融都市・東京構想の全貌〈検印省略〉
—都のプロジェクトチームが明かすアジアの国際金融都市像—

2017年12月25日　初版発行
　1 刷　2017年12月25日

著　　　者	小池百合子
	安東泰志
	大崎貞和
	須田　徹
	国際資産運用センター推進機構（JIAM）
	日本投資顧問業協会
	山岡浩巳
	島田晴雄
	渥美坂井法律事務所・外国法共同事業
発 行 者	土師　清次郎
発 行 所	株式会社銀行研修社

東京都豊島区北大塚 3 丁目10番 5 号
電話　東京 03（3949）4101　（代表）
振替　00120-4-8604番
郵便番号　〒170-8640

印刷／株式会社木元省美堂
製本／山田製本紙工所
落丁・乱丁本はおとりかえ致します。ISBN978-4-7657-4561-1　C2033
2017 ©小池百合子／安東泰志／大崎貞和／須田徹／国際資産運用センター推進機構（JIAM）／日本投資顧問業協会／山岡浩巳／島田晴雄／渥美坂井法律事務所・外国法共同事業
Printed in Japan　無断複写複製を禁じます。

★　定価はカバーに表示してあります。

謹告　本書掲載記事の全部または一部の複写、複製、転記載および磁気または光記録媒体への入力等は法律で禁じられています。これらの許諾については弊社・秘書室（TEL03-3949-4150直通）までご照会下さい。